New window 新視野230

給習慣逃避的你

心理諮商師告訴你，每個逃避行為的背後，
都有需要被關心的理由

李國翠◎著

高寶書版集團

逃避只是一顆暫時的止痛劑

自序

不知不覺間，我進入心理學這個領域已經十八年了。與十八年前相比，現在我的很多個性特徵早已悄然發生了積極的變化。細想來，這些變化無不與我逐漸能夠正視自己、越來越少地使用逃避的心理防衛機制有關。

當年的我性格怯懦，心理承受能力極差，因此在生活中遇到困難我總會刻意逃避，這當然也與我的原生家庭的影響有關。總之，因為心理素質一直不是很好，而且多愁善感，所以我在同學中間甚至得了一個「林黛玉」的綽號。可想而知，當時的我有多麼脆弱不堪。

幸運的是，這些年來在不斷學習心理學知識的過程中，我的個性終於得以改變，我切實感受到了自己心理成長帶來的變化。我逐漸無懼困難，而且能夠直視並解決困難，從心底升騰起一種踏實、坦蕩的成就感。

我開始相信，其實很多問題從來都沒有自己想像中那麼可怕，很多時候是我們對困難的恐懼情緒讓我們裹足不前——我們被想像中的恐懼打敗了。

我從一個心理學的學習者變成一個心理學的臨床諮商醫生後，每天都要接待大量被生活問題困擾的人。他們之中很多人的問題，跟我當初的困惑極其相似。

約翰・鄧恩說過：「沒有人是自成一體、與世隔絕的孤島……每個人的死亡都是我的哀傷，因為我是人類的一員。」

人類的痛苦也是相通的。很多年前，佛洛伊德就把人類痛苦的機制揭示出來，並歸納總結為一種客觀規律，並為其命名為「防衛機制」。

什麼是防衛機制？心理學家唐納德・梅爾澤對此有一句通俗又簡短的解釋：「一切防衛機制，都是我們為逃避痛苦而向自己撒的謊。」

人類生命的主題，大多都與痛苦及挑戰有關。人類會本能地啟用防衛機制去防衛痛苦，尤其是當我們非常脆弱、非常渺小的時候。防衛機制可以保護我們暫時活下去，但是長期使用防衛機制的後果就是，防衛機制會被固定下來，成為我們遇到困難時一種本能且唯一的反應。這會大大限制我們生命可以延展的寬度，最終給我們帶來新的痛苦。

我們通常說「了解自己」，基本上就是要了解自己的防衛機制，了解自己當初迴避了怎樣的痛苦、麻煩、挑戰，然後再去嘗試面對自己曾經一味迴避的東西，消除舊有模式，讓自己回到可以自由選擇的狀態裡。

當然，一個人不可能完全沒有任何防衛機制，而且防衛機制並不都是消極的。但如果它給我們的生活造成了困擾，就意味著我們需要停下來感受一下：

一直以來，我們是不是在逃避什麼？

那些我們所逃避的東西，是不是從未真正擺脫過？我們不如嘗試去面對它們。從習慣逃避到刻意面對，既是一種思維的轉變，又是一種人生態度的轉變，更是一個重新認識世界的過程。

希望這本書可以幫助你成為更好的自己。

目錄 CONTENTS

Part 4 向內看的人，才是清醒的

Part 1

別做那隻逃避的鴕鳥

釐清自己，你就釐清了一切。所有的逃避都是對自我的逃避，所有的不清楚都是對自我認識的不清楚。你越能心平氣和地表達自己的不同意見，你的意見就越可能被採納，你也越可能得到別人的尊重。

你不解決問題，就會成為問題

現實生活中的你，是不是在表達意見或面對利益時，很害怕與人發生衝突？為了避免與人發生衝突，你會刻意不發表自己意見、主動犧牲自己利益，以求與別人一致。但是如果你多次做出這樣的行為，慢慢地，你就會在群體中喪失表達意見、爭取利益的資格，別人也會不考慮你的感受，完全當成透明人。甚至當你被壓榨得過分，僅僅有那麼一點表達意見或爭取利益的意圖時，都會遭到別人的拒絕或無視。

結果就是你在群體中被邊緣化、無價值化。久而久之，你的境遇會比當初更加糟糕。你開始覺得難以忍受，直到有一天你提出了抗議，但這種抗議是透過與他人發生劇烈衝突而表現出來。最終你還是會以慘敗收場，所有人都覺得你不可理喻。

然後你換了個環境，小心翼翼地試圖融入新的群體，不敢和任何人發生衝突，不斷地委曲求全，後來卻又因為與他人發生了劇烈的衝突而和新的群體決裂。

最後，你變得有些害怕群體生活，或者你勉強為之，卻總是顯得格格不入。你活得很累，因為在群體中不敢表達自己的不同意見，不敢和別人產生任何矛盾。明明覺得別人說得不對，但是害怕提出反對意見後，別人會不高興，甚至會攻擊你。為了避免與別人發生衝突，你整天迎合、討好別人，唯恐別人不高興或對你有意見。

這樣的你活得好卑微！私底下你會問自己：還要不要繼續這樣活下去？為什麼自己是這樣一個人？你一次又一次地告訴自己：不能再這麼卑微、怯懦地活下去。但是，第二天你又繼續以之前的卑微方式生活。

表面的你和真實的你如此矛盾，這種矛盾讓你整天嚴重內耗。你疲憊不堪，而且焦慮重重。

你到底應該怎麼辦？

你害怕發生人際衝突的根源在於，你認為人際衝突會給自己帶來災難性的影響，而這種災難性的影響是你無法面對和應付的。其本質原因出自年幼時期學會的害怕與父母發生衝突的模式轉移。

在害怕衝突者的幼年親子模式裡，其父母對他們往往擁有絕對的控制權，父母讓他們必須按照自己的要求做事、不准表達不同的意見。當不按照父母的要求做事或者提出異議時，他們就會遭到父母的嚴厲斥責或者暴力懲罰。久而久之，他們就會形成這樣的認識：「表達不同意見是一件不被允許的事，它會帶來災難性的後果。」父母的管教行為直接導致孩子把表達不同意見與情緒裡的恐懼進行了串聯，所以孩子以後就自動學會了不敢表達不同意見的行為習慣，因為他們害怕自己一旦出現表達不同意見的行為，就會引來父母的懲罰。

在教育孩子的過程中，有些父母還會給孩子不按照其要求做事、提出不同的意見賦予非常糟糕的涵義。當孩子對父母的要求提出異議時，父母會告訴孩子，孩子這麼做是不夠好的表現。比如，有些父母會說：「你不夠乖。」、「你不是個好孩子。」、「你不滿足媽媽的要求，媽媽不愛你了。」、「你怎麼這麼差勁！」、「父母讓你怎麼做，你就怎麼做！」、「誰讓你頂嘴了？不准頂嘴！」。

父母用「如果孩子不按照自己的要求做或提出反對意見，就威脅孩子會失去他們的愛」的方式，強迫孩子按照他們的要求做事。這樣一來，孩子就會把「表達不同的意見」和「自己不夠好」、「喪失愛」、「被懲罰」等訊息進行串聯，所以等孩子長大後，一旦遇到自己與別人的意見不一致、可能產生人際衝突的情況時，他就會極力選擇逃避衝突。

害怕與別人發生衝突的人，本質上是害怕面對自己，以及害怕別人對自己有不好的評價。他們認為在人際交往中不應該惹別人生氣，如果讓別人不開心或讓別人對自己產生敵意，那麼一定是因為自己做得不夠好。

很多害怕與人發生衝突者的父母，往往也具有相似的行為模式。在他們的內心裡，與人發生衝突是一件容易讓自己產生嚴重焦慮和無法應對的事情，人際關係不和諧會讓他們極度不安。這種父母一般具有低自尊的性格特點，即自我價值感極低，把別人的評價看得過於重要。毫不誇張地說，他們幾乎是活在別人的評價裡。他們把自己的價值建立在獲得別人認可的基礎上，因此在與別人相處時無法做到心理上的平等。他們在潛意識裡總認為自己低人一等，為人處世時有討好別人的傾向。

在這種低自尊家庭環境裡長大的孩子，從小耳濡目染，學會跟父母同樣的行為模式，他們把父母低自尊的評價納入自我的評價體系裡，認為跟人發生衝突是件風險極大的事情。他們認為，在人際關係中最重要的是維持和諧，而不是正確表達自己的意見、合理維護自己的權益。

從長遠來看，父母的這種行為模式對孩子的影響很糟糕。這類父母內心往往會產生許多糾結與怨恨——認為自己付出了很多，但別人並不領情。這種糾結與怨恨也會內化到孩子的行為模式裡，使他們養成一種非常彆扭的生存習慣，即表面看起來往往都是老實人，與世無爭，但背地裡他們感覺並不舒服，因此長期處於一種心理失衡的狀態。

還有一種影響更壞的行為，是在外面不敢與別人發生衝突的父母，往往會在家裡對孩子提出各種不合理要求。因為他們在外面無法正常表達自己的訴求、獲得別人的認可和尊重，所以他們就會把這種訴求放在自己的孩子身上，讓孩子必須聽自己的話，在孩子身上尋找自己在外面找不到的心理滿足——以「我在外面事事聽別人的，所以在家你就必須聽我的」作為補償。但是，他們意識不到這樣做帶來的壞處。

我經常遇到這樣的案例。在外面唯唯諾諾的父親，一回家馬上就換成另外一副面孔，變成一個專制的「暴君」，要求妻子和孩子必須什麼事都聽他的。一旦事與願違，他就開始指責、打罵妻子和孩子。

這種模式就是把在外面需要面對和解決的衝突轉移到了家裡。因為他們在外面不敢面對衝突，久而久之，他們的內心積壓了過多的負面能量，為保持自己身心的平衡，他們只有在家裡發洩，同時也把恐懼傳遞到自己最親近的人身上。

還有一類父母，尤其是母親，把控制孩子當成自己的人生要務。這類母親在夫妻感情中往往長期扮演受害者的角色，所以就想控制自己的孩子，要求孩子必須對自己言聽計從，她們從對孩子的控制中獲得滿足。

幼年的孩子沒有是非觀念，為了讓父母開心，就會圍繞父母的需求建構自己的行為。他們會特別在乎父母的心情，並且會承擔起照顧父母情緒的責任。一旦父母表現出情緒不好或對他們不滿的傾向，他們就會極度自責和恐懼，認為是因為自己不夠好，所以才讓父母不開心。

很多父母意識不到自己這樣做對孩子會造成很大的傷害。他們在工作和生活中存在很多需要解決的問題，因此，他們根本沒有精力意識到其他關於孩子的問題。他們本身就被生活中解決不了的事件或問題所困擾，沒有反省自身問題的能力，因此不可避免地就把孩子帶入了問題的漩渦。

相信很多害怕與人發生衝突的人對此都深有體會：當你害怕與人發生衝突時，衝突非但不會消失，反而會更多；你越逃避衝突，衝突來得越快。

在人際交往中，大多數人本來就有一種擴張自己邊界的意識，當你表現出害怕衝突、以別人的需求為中心時，別人就會趁機擴張他們的邊界，直到蠶食掉你所有的地盤。尤其是那些居心叵測的人，他們需要依靠擴張自己的邊界來獲得心理上的優越感和價值感，而你的退縮正好助長了他們的這種囂張氣焰。他們這種行為的極端表現就是欺負和霸凌。

很多情況下，霸凌事件中的受害者往往都是那些害怕與人發生衝突，刻意迴避衝突的人。霸凌者正是因為看穿了受害者在面臨衝突時存在嚴重的自責傾向和恐懼傾向，所以他們在欺負對方時才肆意妄為。因為很多受害者的內心話和歸咎往往都是「因為自己不好，所以才會被人欺負」。

所以你越表現出害怕衝突，越會招惹到那些擅長製造衝突，進而從你身上搶奪心理能量的人。

當然，人際衝突是人際關係的常態。每個人都有自己獨特的基因、獨特的成長環境，決定了每個人在面對問題時都會有自己獨特的看法。人們在看法和行為上不一致是一種正常的現象，當你表達自己的合理意見和需求時，也會得到別人的理解，因為每個人都有權利表達自己的看法，這種權利是正當的。

但是一個害怕衝突的人對人際衝突的認識有嚴重偏差時，會把表達不同意見和自己將感到恐懼、受到懲罰等感受串聯，把別人的不滿跟自己不夠好聯想在一起，此時就會強迫自己壓抑自己的真實想法或意見。但這些不同的想法或意見並不會因為受到壓制就消失，它們會一直存在，甚至比原來更強烈，這樣就會導致害怕衝突者陷入嚴重的心理衝突中。當內心的衝突越演越烈，他們無法控制時，就會向外演化為和別人的嚴重衝突。

所以，逃避衝突最終並不會解決衝突，反而會引來更嚴重的內心衝突，最終導致與別人發生衝突。

一個人在群體中的價值跟他自身的能力有關，而不是跟討好別人有關。害怕衝突的人之所以會有無意識地討好別人的傾向，是因為他們以為只要跟別人保持和諧關係，無原則地聽別人的話，別人就會喜歡他們。這其實是個認知錯誤，人們不會尊重一個毫無主見、膽小懦弱的人。這樣的人在群體中往往得不到重視，反而會被認為是缺乏能力的人。

久而久之，即使你有能力，但因為你不敢表達，別人也不會認可你，於是你在群體中會慢慢變得毫無地位，甚至得不到最基本的尊重，最後導致的結局就是：你越害怕什麼，就越會發生什麼。

如果你不解決問題，你就會成為問題。

由此可見，一個人之所以害怕人際衝突，是因為他對人際衝突有很多不合理的認識。想要改變害怕與人發生衝突的心理模式，必須更正自己內心關於人際衝突的錯誤認知。

首先，我們要知道合理表達自己的不同意見和看法是每個人都擁有的權利，這不代表你對另一方心存敵意。一個人之所以將發表不同意見與敵意有所串聯，是因為早年他的父母給這種發表不同意見的行為貼上了敵意的標籤，但這是一個錯誤的標籤。

其次，人際交往中本來就充斥著不同意見、觀點的碰撞，大家可以求同存異，在衝突中尋找到一種適合彼此的動態平衡。這樣既可以守住自己的意見、觀點，又可以做出適當的妥協來與別人互動，最終取得一個折衷的交流模式。在這種模式中雙方均感到舒服，相互尊重且能夠接受彼此的不同意見。所以不要害怕出現人際衝突，因為這是完全可以被化解的。健康的人際關係裡不是沒有衝突，而是大家都認為人際衝突是很正常的一種存在。

我們需要做的是提升自己正確表達不同意見的能力，把表達不同意見和由此帶來的情緒分離開來。一個人之所以在表達意見時會引發很多情緒，比如敵意或攻擊，是因為他在潛意識裡認為：表達不同意見是一種敵意的表示，會帶來風險，對方首先會接收到這種情緒，而不是訊息。所以這種被感受到的敵意就會引發新的敵意、新的情緒，最終導致雙方真的會因為表達不同意見而爆發衝突。

事實上，意見就是意見，情緒就是情緒。所謂「不帶敵意的堅決」，就是指我們在表達不同意見時要善於覺察自己是否帶著情緒，反思自己為什麼會有情緒，要學會把情緒和意見分離開來，心平氣和地表達意見。很多人在表達意見時在潛意識裡攜帶了敵意，表面上是在表達不同意見，但實際上卻是在傳遞衝突信號，最後就真的造成了衝突。

釐清自己，你就釐清了一切。所有的逃避都是對自我的逃避，所有的不清楚都是對自我認識的不清楚。

你越能心平氣和地表達自己的不同意見，你的意見就越可能被採納，你也越可能得到別人的尊重。

害怕失敗的人，從一開始就輸了

朋友來找我傾訴，最近他們公司有一次晉升的機會，從工作能力來看，他是幾名候選人當中排名比較前面的一個。但他總是感覺很緊張，壓力大，以致最近一直失眠，白天也憂心忡忡，提不起精神，注意力有些渙散。

實際上，為得到這次晉升機會，他已經在現在的職位上努力耕耘三年，每年的工作業績都非常好。但我這個朋友有個缺點：容易緊張，尤其在面對自己喜歡的人或事，容易變得患得患失、焦慮、自卑。因此，他經常眼睜睜地看著自己錯過機會。

上大學的時候，他曾經心儀同班一個女孩。這個女孩對他也頗有好感，但他就是不敢捅破那一層關係，大大方方地追求人家，只是一直和人家保持著曖昧。這時恰好有另外一個喜歡這個女孩的男生「乘虛而入」，每天對女孩噓寒問暖，大膽地追求女孩，結果女孩就和這個男生談起了戀愛。

我的朋友痛不欲生，但無論做什麼都於事無補了，於是他在感情上留下了一個很大的遺憾。這十幾年來，我見證了他好幾次類似的經歷。

做心理諮商師這麼多年，在臨床諮商中，我經常碰到這樣的案例：

很多應屆畢業生在找工作面試的時候容易緊張，以致面試結果不理想。如果這次面試結果不理想，他們在下一次面試時就會更加緊張，慢慢地形成惡性循環，導致自己的壓力越來越大，最後錯過很多不錯的就業機會。

還有一些公司的資深白領，在做工作匯報時特別容易緊張，導致結果總是達不到自己的預期，甚至常常把工作匯報搞砸，但實際上他們的工作能力很強，可獲得的職位和他們的付出總是不太相符，讓人覺得十分可惜。

但事實的真相真的是這樣嗎？

很多時候，我們都會想當然耳認為所有人都會追求愛、追求成功、追求幸福，但在做諮商過程中，我發現面對喜歡的人或事物時，不同的人會被激發出不同的情感。

有些人會被激發出比較積極愉快的正面情緒，他們會覺得很開心、很幸福，會想像自己的願望得到滿足時那種幸福的體驗和感覺。這些積極的想像會進一步推動他們去靠近自己喜歡的人或事物，最終促成一個良好的結果：他們實現了自己的願望，如願以償地過著自己想要的生活。

然而，還有些人在面對自己喜歡的人或事物時，會被激發出緊張、焦慮等負面情緒，他們甚至會讓自己進入壓力反應狀態，陷入持久的焦慮和擔心中，似乎他們喜歡的人或事物非但沒有給他們帶來愉悅，反而帶來了壓力和挑戰。他們也確實容易表現出像面對一種壓力或應對一個挑戰的狀態，去靠近自己喜歡的人或事物。有時候這種壓力和挑戰讓他們很難受，導致他們在最後關頭退縮了，沒有勇氣去面對。最後的結果也很可能是負面的：最終他們錯過了自己喜歡的人或事物。

這兩種人的不同表現，在心理學研究中並不陌生。二十世紀六〇年代，美國心理學家阿特金森就提出了著名的成就動機理論。阿特金森經研究發現：按照成就動機的不同，人類可以被劃分為「避免失敗」和「追求成功」兩類。

對於「避免失敗」的人來說，做事的主要動機就是避免失敗。因此這些人會極力逃避生活中的風險，努力讓自己活得安全。

而對於「追求成功」的人來說，做事的主要動機就是追求成功。因此這類人不害怕冒險，致力於獲得自己想要的東西，並能發揮自己的潛力全力以赴。

簡而言之，持有不同信念的人做事的邏輯不一樣，人生的底色就不一樣，從而構築的人生腳本的主題、色調也不一樣，因此人生的動力就會完全不同。

對於「避免失敗」的人來說，因為他們致力於活得安全，所以總是盯著生活中那些可能會讓自己遭受危險的東西或負面的東西，他們的精力主要用於保護自己。可想而知，他們過的是一種充滿防衛感的生活，他們的能量似乎都是向內收斂的狀態。

而對於「追求成功」的人來說，他們努力追求自己想要的東西，不在乎失敗或付出。那些他們想要的東西會讓他們興奮，讓他們保持銳意進取的激情，他們的能量都是向外擴張的狀態。

我在上文中提到的那位朋友，就是「避免失敗」人群中的典型代表。面對自己喜歡的人或事物，從表面上看，他都想得到，但實際在潛意識層面他想要的並不是這些。

有些人的潛意識和表面意識比較一致，有些人的則不一致，甚至相反，表面意識想得到某個東西，但潛意識想得到的是別的東西，比如不能失敗、獲得認可和接納。因此，他們也就不可能實現自己的願望，比如得到一份渴望的工作、擁有一段美好的感情。

那麼，我們在面對自己喜歡的東西時，會受到哪些潛意識的限制呢？

（1）我注定不可能得到自己喜歡的東西

一個人因為從小到大得到自己喜歡的東西次數太少，或者從未得到過自己喜歡的東西，甚至曾經因為追求自己喜歡的東西而遭受過挫折，所以就容易在潛意識裡留下這樣的信念。

我的一位來訪者說，在他小時候，他喜歡的東西經常會被母親毫不留情地沒收。長大以後，每次面對自己喜歡的東西時，他的內心就會產生一種絕望感：不僅覺得自己不可以得到那些東西，甚至會覺得自己應該主動遠離那些東西。因為他總覺得既然不能享受它，那就儘早遠離它。

一個內心認為自己注定得不到自己想要的東西的人，會容易認為這個世界是注定要讓人失望的，從而冷眼看待人生。他們內心的熱情和動力已完全被澆滅，活成了人生的旁觀者，而不是參與者，更遑論創造自己的人生。

（2）我不配得到自己喜歡的東西

總是在「被貶低」中長大的人，容易認同自己早年被貶低的個人評價，認為自己很差，不配得到自己喜歡的東西。他們內心深處潛藏著巨大的羞恥感，認為自己配不上喜歡的東西。他們總是自慚形穢、退縮和緊張，遇事容易手足無措。

在找工作面試時容易緊張焦慮的人，大多屬於這類人。面對自己喜歡的人或事物，他們總是擔心自己會因表現不好而被嫌棄，或者被厭惡，無法自如地把他們對所愛之人或所愛之物的愛意和熱情表達出來。

這可能是因為他們早年在愛著父母時總是不被父母接納，或者總是被父母嫌棄。久而久之，他們在面對自己喜歡的人或事物時就形成了這樣一種狀態：一旦靠近他們，就害怕被嫌棄、被厭惡、被拒絕。他們的關注點因此就變成了如何避免被嫌棄、被厭惡、被拒絕，而不是大膽地表達自己的愛意、熱情、誠意，以及信心。

總之，他們不再信任自己，不再相信自己可以配得上喜歡的一切。而是希望別人（比如面試官）會根據他們的表現給予他們某種認可，就像他們的父母曾經剝奪了他們信任自己的權利，把他們是否值得信任把持在自己手上，而他們每次都需要戰戰兢兢地去尋求認可一樣。

可是，面試官怎麼會選擇一個連自己都不相信的求職者呢？

話又說回來，我的朋友在大學期間雖然喜歡那個女孩，但是他在潛意識中追求的是獲得值得被愛的認可，根本沒有精力去考慮那個女孩的感受。他想讓那個女孩給他更多的認可和勇氣，甚至主動接納他，這種想法和做法讓他錯過了這份感情。這種結果不過又一次印證了他的潛意識：我不好，不配得到自己想要的東西。

（3）我不能失敗

我的朋友之所以在人生重大關頭會緊張焦慮、患得患失，是因為他太害怕失敗，太害怕得不到自己想要的東西，他的關注點全部聚焦在風險和可能出現的負面結果上面。他很想去控制這個結果，結果卻被自己內心的恐懼控制了，從而導致自己一次次地發揮失常。

像他這樣的人，阻礙他成功的潛意識信念就是：我不能失敗。

在他從小接受的教育中，父母對他的犯錯行為很難諒解，導致他認為犯錯是很嚴重的事情，讓他從小對犯錯產生了一種強烈的恐懼情緒。在長大後，他面臨很多具有挑戰性的事情時，總是把自己限制在一個安全的小範圍裡，「寧肯不做，也不能犯錯」，結果會因壓力過大而錯失機會。

人生是一場修行，越害怕失敗的人，越容易活在挫敗中，只有放下對失敗的恐懼，破除潛意識裡的限制性信念，才有機會獲得成功。

（4）我很難得到自己想要的東西

還有一些人會把得到自己想要的東西這件事想得很難，他們心中常常充斥著大量的限制性信念。我的一位來訪者最近想換一份工作，可是他已經四十多歲了，正面臨著來自年齡的壓力。令他鬱悶的是，似乎周圍的環境也在強調這一點，四十多歲的年齡實在不占優勢。

我們如果認同這種限制，就可能讓自己選擇認命，告誡自己不要再瞎折騰了，或者認同得到自己想要的東西很難這種觀念，等等。

但實際上真的是這樣嗎？

褚時健七十四歲時承包荒山種橙子，開始第二次創業。當時他身患糖尿病，還在保外就醫，絕大多數人都認為他的人生就這樣了，不可能再有翻盤的機會。但是褚時健的與眾不同之處就在於：他並沒有被這些平常的認識所限制。最後就像大家看到的那樣，在人生的暮年，他締造了「褚橙」的商業神話。

但是在我看來這不是奇蹟，而是他沒有被周圍的限制性信念束縛，因此才活出了不受限的人生。

所以，你如果真的下定決心做一件事，就很有可能實現它。但是如果從一開始連你自己都不相信自己能夠做到，你就無法發揮自己的潛能，因為在你的眼中看到的全是障礙。

人生是一個自我預言的過程，大量實踐表明：你選擇相信什麼，你就有可能得到什麼。

不相信「愛很簡單」的人，就會把愛的歷程搞得曲折反覆，最終只能得到那麼一點點愛，他們認為這樣得到的愛才是真愛。

相信「賺錢很難，錢是省出來的」的人，就會把大量的精力用在節約上，在勤儉節約的行為中找到自己的成就感。

對此，巴菲特給出了非常犀利的評價：一旦你有了省錢的腦子，就不會有精力培養一個賺錢的腦袋。所以，你窮得很穩定！

是的，你會怎麼想，你就會怎麼做，把精力投入你所想的方面，最後就會收穫所想的現實。

我們唯有先覺察出自己的限制性信念，時刻觀察自己、校正自己，才能真正獲得成長。

同時，在面對自己的子女時，我們也應該經常提醒自己，不要總是打擊孩子的積極性，而是要去鼓勵他們、信任他們，讓他們從小建立這樣一種信念：只要我願意，只要我努力，得到我喜歡的東西就沒那麼難。

面對自己喜歡的東西，我們要大膽追求，不要縮手縮腳，害怕失敗。

你的退讓，是對方得寸進尺的溫床

有一次，我跟去醫院探望身患癌症、正在接受化療的表姨。我坐在病床邊，六十多歲的表姨一直一副愁眉苦臉、可憐兮兮的樣子。聽媽媽和她聊天過程，我才知道她這一輩子過得有多隱忍。

在她小時候，因為父母重男輕女，她被迫早早放棄學業，每天在家裡幫大人忙農活，雖然心有不甘，但從來不敢反抗；在長大結婚後，她的丈夫酗酒，常常很晚回家，她憑一己之力撫育孩子；平時，鄰居、親戚找她借錢，她總是把自己省吃儉用存下來的錢借給他們，不少人借錢後久久不還，她也不敢催要；前不久，兒子讓她幫忙照看小孫子，她就搬過去和兒子、兒媳婦一起住，但兒媳婦一不開心，她就得搬出來……

從醫院出來後，我媽感嘆道：「她老是忍著，為別人付出太多。明明自己心裡不好受，但她就是不說。我就覺得她肯定會憋出病來，結果真的如此。」

可能很多人會認為，心理問題只會影響一個人一時的狀態，不一定會傷身。但事實上，習慣性地忍氣吞聲真的能讓自己憋出病來。

這類習慣忍氣吞聲的人的性格，在心理學上被稱為C型性格，即癌症性格（C取自cancer的首字母）。研究顯示，擁有C型性格的人腫瘤發病率比一般人高三倍以上。

那麼，C型性格到底是一種什麼樣的性格？

有四個字可以用來描述C型性格的人的典型表現：忍氣吞聲——用「忍氣」來處理情緒，用「吞聲」來處理關係。關於「吞聲」，C型性格的人往往有兩種表現。

第一，缺乏自我表達。因為無法對外表達自己正常的需求和感受，他們成為被動接受、壓抑封閉的「悶葫蘆」，總是隨波逐流，不敢袒露自己內心真實的想法。

在C型性格的人的成長過程中，他們是不被允許表達自己的感受的，他們的需求往往也得不到重視。如果一個人曾經因為表達自我而引發了一些衝突，進而受到嚴厲的懲罰，那麼他提出正常的需求和維護自己感受的能力就會被壓制，從而形成不表達、不敢發生衝突的性格。

在表姨的成長過程中，她的父母從不允許她在家裡表達自己的正常需求。她父母的口頭禪是：「敢頂嘴，看我不撕爛你的嘴！」、「敢反駁，看我不打死你！」

表姨在家裡是不被重視的人。她的父母要求她必須照顧弟弟，不能跟弟弟發生衝突，不能讓弟弟不開心，如果哄不好弟弟，他們就會找她算帳。所以，表姨就形成了這種無法表達自我、特別能忍讓的性格。

但不表達並不代表C型性格的人真的無主張、無思想。相反地，他們有自己的想法和意見，只是他們無法以正常途徑去表達自己的想法和意見，從而使內心越來越壓抑。就像我表姨一樣，她大概從來沒有過「按照自己的感受生活」、「成功處理人際衝突」的經驗，於是她把自己的欲望和訴求打包起來，一口吞掉。

第二，C型性格的人為了維持和諧的人際關係，一味地選擇逃避，一味地選擇退縮、忍讓，所以他們成為逆來順受、無法進行自我保護的「受氣包」。

除了無法向別人表達感受和需求，在別人提出過分的要求時，C型性格的人還很難做到拒絕。這點在表姨的身上也很明顯：別人欠錢不還，她不敢去催要，而是選擇忍耐；面對兒媳婦的無理要求時，她不敢據理力爭、合理反擊。在這一切的背後，是她深深的無力感和惶恐，她害怕自己據理力爭之後破壞了原本看起來和諧的關係。她無法在人際交往中照顧自己的感受，甚至認為不需要照顧自己的感受，相反，為了維護人際關係，她會壓抑自己，非常看重別人的感受，最終使自己在晚年落到這樣悲涼的處境。

畢竟從小到大，不僅沒人告訴表姨，她自己的感受同樣是很重要的，是需要被尊重和維護的，而且在她試圖去尊重、維護自己的感受時，別人卻表示如果她這樣做，就會受到狠狠的懲罰，所以她的內心對維護自己感受的行為積存了太多的恐懼感。她只能被迫選擇逆來順受，漸漸地，她變得毫無主見，甚至陷入被人任意擺布的處境。

很多C型性格的人以為自己可以藉「逆來順受」的做法來維護自己的人際關係，但事實上，這種關係中充斥了太多的不平等、壓抑和不真實性，所以C型性格的人其實很難建立起健康的人際關係。漸漸地，他們成為沒有存在感、個人邊界總是遭到侵犯的「軟柿子」……無論是無法表達自我，還是無法拒絕別人的侵犯，他們這些「吞聲」行為醞釀出了強烈的被壓抑的負面情緒，進一步導致了「忍氣」行為的發生。

C型性格的人外表往往都是一副老實人的形象。作為一個老實人，最大的困難便是難以維護自己的感受，他們對別人的要求和侵犯無法拒絕和反擊。C型性格的人與不爭不搶、內心坦然的性格的人不同，他們在老實人的面具下，往往壓抑了很多憤怒。這些被壓抑的憤怒由於長期沒有得到有效的處理和釋放，會導致C型性格的人內心強烈失衡，對自己和他人充滿怨恨。

就像我的表姨，面對重男輕女的父母、酗酒的丈夫、欠債不還的鄰居親戚、飛揚跋扈的兒媳婦，雖然從表面看上去她若無其事，但其實她的內心早已痛苦不堪。所有的怨恨和常年的不滿堆積在她的心裡，時刻折磨著她。表姨沒有能力去表達不滿或者提出抗議、提出自己的正常訴求，有的時候她還會生悶氣，認為是因為自己不好，才導致別人都這麼對待她，甚至她還會把這一切的不幸歸罪於命運——都是自己命苦。

C型性格的人內在情緒波浪濤天，外在情緒卻假裝雲淡風輕。他們一味地壓抑著自己的感受，卻還在時時考慮著別人的感受，殊不知怨恨、憤怒和自我批判輪番上陣，早已在消耗著他們的心力、折磨著他們的身體。

C型性格的人表面看起來跟誰關係都很好，但這種「好關係」是以單方面滿足別人的需求維持的，並不是一種健康、真實的關係。所以，他們在維護關係方面本就已經很費力了，更別提真實表達自己的想法了。這樣做導致的結果就是：他們默默承擔著所有壓力、隱忍著很多委屈，卻從不懂得向外求助，久而久之，就容易陷入孤立無援的狀態。

除了畸形的關係，阻止C型性格的人去尋求支援的還有另外一個障礙，C型性格的人不怕別人麻煩自己，但很怕自己麻煩別人。他們會覺得向別人傾訴、求助是麻煩別人，這樣做會讓他們很不安，這背後其實是他們深深的低價值感。也許他們也曾試圖麻煩別人、尋求別人的理解和幫助，卻被別人狠狠地拒絕或指責過。

表姨直到生了重病，躺在病床上孤立無援，在我媽多次詢問之後，她才流著眼淚斷斷續續地說出了自己內心壓抑的委屈——這算是一次發洩，只是發洩來得太晚了……

很多像表姨一樣具有C型性格的人，當心裡感到憤怒時，他們選擇了隱忍。慢慢地，因為隱忍產生的憤怒情緒就轉變為憂鬱、絕望，讓他們陷入無力抗衡的處境，最終形成惡性循環。憤怒、憂鬱、絕望、無助，若常年被這些情緒侵擾，那他們的健康很難不受影響。

總之，「忍氣吞聲」這種看上去並不起眼的行為，其後果卻非常嚴重，甚至等同於慢性自殺。

身體若說是一種語言，似乎是透過疾病大聲吶喊：「請照顧一下我！請多看我一眼！請愛我多一點！請顧及我多一點！」而這些正是C型性格的人被壓抑在內心無法表達出來的話語。內心無法被正常表達出來的委屈和憤怒，最終只會透過身體來進行強制表達。

癌症（腫瘤）正是被壓抑的委屈和憤怒的扭曲表達。

對於一個C型性格的人來說，最重要的議題可能是學會健康地發出自己的攻擊，不再壓抑自己。

佛洛伊德說：性和攻擊性是人類行為的兩大基本動力。擁有健康的攻擊性是我們活著的根本，也是我們的活力和健康的源泉。

要想擁有健康的攻擊性，首先需要維護自己的感受、學會表達自己的感受。我們天生就具備維護自己感受的能力，如果一個人不僅不能維護自己的感受，還過度考慮別人的感受，就可能意味著他早年有過一些特殊經歷，進而使他形成一些錯誤的認知：維護自己的感受就會傷害別人，而傷害別人就會遭到別人的報復或面臨關係的破裂。

其實真實情況是：一個人合理地維護自己的感受並不會傷害別人，也不會面臨健康關係的破裂，除非他建構的關係本來就是索取型或剝削型的。當然，對於一段索取型或剝削型的關係，就更不必害怕失去或者破裂，因為這樣的關係並不值得維護。只有允許不健康的關係終結，才能建立起健康的關係。

不敢維護自己感受的人，往往認為只有自己忍讓、妥協才能交換到和諧的關係，這是對和諧關係的一種誤解。持有這種觀點的人看不到自己的價值，也不認為自己有被別人尊重的權利，他們往往會看重別人的價值和感受。要知道，看輕自己本身就是對自己的一種攻擊。

C型性格以及具有C型性格傾向的人，要勇於在一段關係中表達並維護自己的感受，也就是我們常說的愛自己。如果你不愛自己，總是讓自己受委屈，那就別怪「腫瘤君」找上門來。

擁有健康的攻擊性，還需要做到拒絕生悶氣、拒絕壓抑情緒。生悶氣在本質上是對自己進行攻擊，在外面受到了侵犯，或者在一段關係中受到了委屈，或者在很多事情上不敢表達自己的觀點，從而壓抑自己的情緒。如果負面情緒得不到及時的處理和宣洩，就會對自己進行懲罰，表現出生悶氣的行為。

生悶氣，一方面是對別人產生憤怒。

「你怎麼可以這樣對我？！」

「你怎麼可以這樣無理？！」

「你就不能照顧一下我的感受嗎？！」

之所以會有這樣的想法，是因為生悶氣的人認為別人也應該像他一樣去照顧對方的感受。

遺憾的是，在人際關係中，我們根本無法控制別人的行為，但我們必須對自己的感受負責。別人有做出任何行為的權利，但是如果他的行為傷害了你，你是有保護自己的權利的。所以，生別人的氣沒有意義，你需要做的是把精力用在維護、照顧自己的感受上，當你懂得愛自己後，自然就很少生悶氣了。

生悶氣，另一方面是對自己產生憤怒。

當一個人的攻擊性無法對外表現出來時，他就會轉而向內攻擊自己：覺得自己沒用，因此變得憂鬱。講白一點，就是一個人藉著自己打自己的方式來緩解別人對自己的攻擊的壓力。我們需要了解，我們對自己產生攻擊性，可能是因為我們內心住著一個不敢反擊、膽怯懦弱的小孩。這個小孩一直認為自己是無力的，看不到自己有價值的一面，所以當他遭到攻擊時，只會用攻擊自己這種自虐的方式來緩解壓力。

你需要告訴自己內心的小孩，別再自虐了，你會永遠保護他、維護他，再也不會讓他生悶氣。如果他不高興，你就會大聲地表達出來。

愛是治癒一切的良藥。

對於C型性格的人來說，愛自己就是要學會維護自己，把自己看得重要一些，再重要一些，同時要學會敢於表達自己的觀點和情緒，因為外界沒有你想像的那麼可怕。

所以，請別再忍氣吞聲，尊重自己，趁現在還來得及。

當愛情來臨時，你在害怕什麼

在社會中有很多人存在這樣一種障礙：總是不能與心儀的人建立親密關係。他們或許有一個伴侶，但是他們內心知道，這個伴侶並非自己心中所愛，因為他們無法跟自己真正心儀的人相處，所以只能退而求其次地選擇了與另外一個人相伴。

此外，這種人還容易陷入多角戀的感情模式裡，給自己和別人帶來很多困擾。有些人的親密關係似乎總是在多角戀中建立，這其實是逃避真正的親密關係的一種行為。他們借助於表面的假親密或者複雜糾纏的關係，來掩蓋一個真實存在的問題——他們在建立真正親密關係的能力上存在障礙。

這種人究竟經歷過什麼？為什麼會這樣？

答案是：他們的體內有兩個自我，一個是真實的、虛弱的自我，另一個是虛假的、強硬的自我。也可以說，後一個自我是為了保護前一個自我而衍生出來的保護性自我。它像一副面具一樣，被當事人戴在臉上，這種行為是他們採取的保護性策略。

只不過這種保護性策略用得太多，導致他們內心對自我的認識早已有了兩個聲音。在通常情況下，外界啟用的都是他們第二個自我的聲音，只有他們自己知道，他們其實還有另外一個自我。

當然，他們中間也有人可能漸漸遺忘了自己還有另外一個自我，只有在一些壓力較大的突發情況下，那個被掩蓋的自我才會不由自主地冒出來。例如，一些特殊機構在給應徵者面試時，會採用壓力面試的方式，使很多平時看上去很自信的人變得頂不住壓力，幾近崩潰，表現得十分糟糕。

有些人從外表看特別強勢，其實心裡卻渴望遇到一個能從自己的表面偽裝看到真實內心的人。只是他們的偽裝如此自然，因此很多時候他們吸引過來的都是一些迷戀他們的強勢的異性。這些異性對他們的迷戀，一方面滿足了他們的虛榮心，另一方面又讓他們產生深深的恐懼感，因為他們在潛意識裡總是提醒自己，自己根本不是這樣的人。於是你會發現，跟這樣一個人談戀愛你總是和他隔著一段距離，好像觸摸不到他，因為他需要的似乎只是你的迷戀，而不是與你建立起真正的親密關係。

還有些人，他們在生活中時時處處表現得活潑伶俐、風度翩翩、幽默風趣，特別討人喜歡，總是在扮演大眾情人的角色。他們在人群中一直是焦點，但是他們找的另一半往往很平凡，似乎跟他們非常不相配，這讓人很難理解。

當然，也有些人，他們看上去特別清高、孤傲，一副不食人間煙火、與世隔離的樣子，他們似乎永遠不屑於與他人建立關係。其實不然，他們需要的也是別人隔著一段距離來愛他們、迷戀他們。以上這幾類人有一個共同的特點：無法近距離地袒露真實的自我。

無法近距離地袒露真實的自我，通常被認為是缺乏安全感的表現。當一個人的出現強烈觸動我們的內心，讓我們感到和對方產生了一種特別的共鳴時，除了會讓我們覺得幸福，還會引發我們內心安全感的動搖。

愛情的發生總會伴隨著某種失控，使得我們的大腦失去理性。愛情會讓我們想在對方面前袒露自我、表達自我，希望和對方建立深度連結，希望對方會懂得我們的喜怒哀樂，並和我們同喜同悲，接納我們的脆弱。

然而，極度缺乏安全感的人在面對愛情時，除了有常人感受到的欣喜，還容易產生恐懼情緒。這種恐懼情緒會讓他們啟動自己的防衛機制，即依靠第二個假我來保護自己，使他們在向外傳達訊息時表現得非常矛盾。比如他們明明渴望靠近一個人，卻表現出推開對方的行為，或者一會渴望，一會拒絕，搖擺不定。還有的人則同時表現出渴望和拒絕共存的模式，這樣的訊息傳遞會讓對方感到十分迷惑，甚至痛苦，因為對方無法搞清楚他們到底要傳達什麼訊息。

這種極度缺乏安全感的人，可能有著嚴重的心理創傷。這種創傷已經植根於他們的潛意識裡，那是一種被壓抑許久、幾乎被他們遺忘了的痛苦。可能在早期的親子關係裡，他們從來都沒有被母親愛過、理解過、接納過，也從未與母親建立起真正的情感連結。他們對愛的理解游移不定，是因為以往沒有任何成功的經驗可以供他們借鑑。他們在潛意識裡認為自己是不值得被愛、不值得擁有幸福的，即使他們現在依靠一個偽裝的第二自我掩蓋，甚至暫時遺忘了這些創傷。但是當他們遇見愛情，遇見一個試圖走進他們生命裡的人的時候，這些被掩蓋、遺忘的創傷就會被掀開。

愛情之所以誘人，是因為它可以讓我們和一個人建立起深深的依戀關係，重返那種在母親懷裡的安謐和一體化的狀態。但是對於極度缺乏安全感的人來說，愛情喚起的並不僅僅是甜蜜，還有一種夾雜著恐懼、憤怒和懷疑的強烈情感。正是這種複雜的情感，成為他們與心儀的人建立親密關係的障礙。

為了排解這種複雜的情感，有的人會糾纏在複雜的多角戀愛關係裡，因為在復雜的多角戀愛關係裡的那些情感，正是早年他們對母親那種又愛又恨的複雜情感的重現；有的人會反覆地檢驗對方是否真的愛自己，並設下一個個難題來考驗對方，直到把對方折磨得忍無可忍、轉身離開，從而再次驗證他們內心那種自己不值得被愛、不相信愛的假設；有的人只能遠遠地注視著愛情，無法走近一步，他們從不相信自己有資格擁有愛情；還有的人則會不間斷地傷害自己所愛的人，因為他們在親子關係裡積存了大量對母親的憤恨，眼前的人激發了他們在潛意識裡壓抑許久的憤怒情緒，這種憤怒情緒會不自覺地突然爆發出來。

如果你愛的人也讓你感到如此困惑，或許他就是一個極度缺乏安全感的人，一個具有不安全依戀模式的人，幫他擺脫這種不安全依戀模式，最好的方式就是為他提供安全感。在他表現出各種看起來不可理喻的行為時依然選擇愛他，便是對他內心最好的修復，因為這恰恰是他在感情裡最大的渴望。無論如何，都對他不離不棄，都選擇愛他、接受他，只有獲得這種肯定，他才能逐漸變得正常，開始享受親密關係，慢慢地向你敞開心扉。

但這並不容易，當你愛上一個具有不安全依戀模式的人時，你自己也不見得就具有特別成熟的人格和洞察力。很多人往往在與缺乏安全感的人互動模式中，被對方傷得體無完膚，最後只能黯然結束這段戀情。因為一個內在缺乏安全感的人，他的外在往往會有多種表現形式，比如花心、習慣性劈腿行為等，除非你是強大的「拯救者型」人格，否則退出真的是最好的選擇。

如果你能意識到對方之所以出現這樣的行為，僅僅是因為在童年的親子關係裡積存了大量未被處理的創傷和負面情緒，你能理解他，並引導他擺脫不安全依戀模式，那麼你會收穫一段十分堅固的親密關係。你看穿了他脆弱無力的真實自我，並且給予了他情感的滿足，還為他提供了他從未獲得過的心理滋養，那麼他就永遠都無法離開你了。你會進入他的內心深處，成為他生命裡最重要的人。當然，還有一點非常重要，你要學會識別出哪些是他真正的需求，哪些是他偽裝出來的需求，這需要具備一定的洞察力，又要有一定的共情能力，只有具備了這兩種能力，你才能徹底了解他。這個世界上其實沒有解決不了的心理問題。就像一位心理學老師說的：一個人之所以有心理問題，是因為他沒有遇到一個理解自己的人。很多人都沒有足夠的運氣，可以遇到那個幫助自己走出人生困境的人，他們等來等去，最終發現還是要靠自己走出人生困境。

如果你渴望愛情卻不敢愛，或者不會與親密的人相處，那麼你就該反省一下自己的戀愛模式了。

為什麼每次愛情來臨的時候你都退縮了？你在擔心什麼？你的內心想要表達什麼？

為什麼你總是陷入多角的戀愛關係中？你內心真正喜歡的是誰？

為什麼你只能隔著一段距離地去喜歡一個人，無法享受和對方近距離接觸的親密關係？

你只能享受別人對你的迷戀，卻無法打開自己的心扉，表現出真實的自己；你總是向別人展示包裝過的自己、偶像般的自己。但這樣的你很孤獨，這真的是你想要的結果嗎？如果不是，是什麼在阻礙你表達自己的渴望？是什麼在阻礙你去做一個活生生有人氣的自己、平凡的自己？你為什麼如此害怕暴露真實的自己？

對任何人而言，親密關係都是一面可以檢驗自我的鏡子。好的親密關係會修復我們以前整合得不夠好的自我，讓我們破除虛假的自我，勇於擁抱真實的自我，這種真實的自我就是我們內在的生命力。當一個人喚醒自己內在生命力的時候，他會由衷地感到幸福和快樂；而當一個人的自我遲遲得不到滋養，或者被壓抑、被扭曲的時候，他的生命力就會漸漸萎縮，他會活得充滿疼痛感。這是因為他是在以虛假的自我來適應世界，但是在潛意識裡他的真實自我是極其痛苦的，久而久之，他就會產生嚴重的心理問題。

透過虛假的自我自然也會建立起虛假的親密關係。那些不敢愛的人是因為他們卸不下自己的防衛機制，也就是那個假我。他們在開始一段戀愛時，會同時啟用真我和假我，具體表現為：熱衷於感情遊戲，既有強烈的感情需求，又極度害怕被傷害，同時不相信會有人真的愛自己。他們會啟用假我的防衛機制參與到自己的感情模式裡，無法真誠地投入任何一段感情中。但這畢竟解決不了他們背後的問題，他們執著於玩弄感情，收穫了一個又一個玩弄異性的經驗，唯獨沒有收穫真愛。他們看上去沾沾自喜，卻無法掩飾那種內心想要獲得真愛的深度需求。

如果一個人沒有很強烈的感情需求，他就不會一直熱衷於感情遊戲。與表面的玩世不恭相反，他渴望的恰恰是那種嚴肅而真實的愛情。他渴望有人向自己證明愛情是存在的，但可能並不了解真實的自己竟然是個癡情的人。所以聖徒和浪子很多時候是同一類人，就看他們處在怎樣一種環境裡，有哪些生活體驗。

理解自己的真實需求是建立親密關係的必備條件，也是認識自我的第一步。由於偽裝得太久，有些人已經分不清哪個是真實的自己、哪個是偽裝的自己了。那個強勢的自己，是真實的自己嗎？清高、孤傲，看上去對什麼都不屑一顧，是自己的真實態度，還是為了維護自己的自尊而採用的一種偽裝面具呢？

一個人如果意識不到自己是在偽裝，就無法面對真實的自我。而一個沒有真實自我的人，當愛情來敲門的時候，他的內心就會異常軟弱，不敢走近，更不敢接受。

你如果在當前的戀愛關係中，總是處於一種複雜的又愛又恨的情緒中，總是傷害自己的伴侶，或許就是在重複自己早年和父母的相處模式，在表達對父母的憤怒。你如果總是試圖考驗對方，應該意識到你之所以這麼做，是因為你在潛意識裡不相信愛情，不相信自己值得被愛。如果對方承受不住考驗並不是對方的問題，而是你的問題，你需要認真思考：你的內心為什麼會有各式各樣的假設？你的內心為什麼會有考驗愛情的需求？埋藏在問題下面的，或許是你未被處理的心理創傷。

你無法得到愛情，當愛情來臨時你總是把握不住，是因為你在潛意識裡殘忍地把它推開了，轉而繼續執行你曾經經歷過的感情模式。

你不敢做真正的自我，是因為那個自我曾經遭受過否定，所以你拋棄了它、壓抑了它，你試圖忘掉它，但是它就像你的影子一樣，緊緊跟隨在你的左右。

你無法拋棄自己的影子，因為影子是真實的你的一部分。你的影子在早年被貼上了很多不好的標籤，被定義為虛弱、醜陋，讓你遭受創傷，於是你披上了一個假影子，以此保護自己。

現在你知道這是一場誤會了吧。你委屈了你的影子，你應該好好地抱抱它，把它釋放出來。雖然它脆弱、無助，但是你要接納它是你人格的一部分。如果連你自己都不接納自己，你更無法讓別人接納你，你的內心就永遠得不到安慰。你不允許別人走進你的內心，這正是你與別人建立親密關係的障礙。

生命越真實，就越有力量。只要你能理解自己，能安慰自己的影子，就是你對收穫一份愛情所做的最好的準備。即使愛情暫時沒有出現，但當它來敲門時，內心強大的你，也一定可以擁抱屬於自己的幸福。

你一直渴望交流，卻習慣被動沉默

網路論壇上有個熱門話題：「如何看待當下這種越來越普遍的『沉默』型人格？」這個話題反映出當下很多人的苦惱，這種苦惱還可以稱為「被動沉默」的困擾。

在社交場合，每次一開口說話，就容易陷入緊張焦慮的情緒中，特別在意周圍人的目光；明明心裡有很多的想法和意見，但在關鍵時刻，大腦卻一片空白，表達不出來或者不敢表達；特別渴望與人交流，也知道與人交流是一件好事，但就是無法自然大方地交流……

被動沉默者，往往因為不能與他人進行自然的溝通交流，所以他們會一直否定自己：我不會說話，我只能尷尬閒聊，我在別人面前太容易緊張了……最後，他們只好選擇退縮，收回渴望表達的心。他們一邊羨慕周圍侃侃而談的人，一邊用沉默來掩飾自己的緊張，成為人群中所謂「不愛說話」的那類人。

他們看似是主動地選擇了沉默，其實是被緊張感逼迫著被動地選擇去了一座社交孤島。

我的來訪者小雅是一名大三學生，她就深受這種被動沉默的困擾。

每一次班級聚會，大家都交談甚歡，小雅卻發現自己很難自如地參與到任何的對話當中，哪怕對話的主題是她所熟悉的。她想努力改變自己，也渴望利用交流和同學增進感情，看著大家你一言我一語的，她在內心對自己想要表達的觀點認真地進行了梳理，可最後她憋紅了臉，也沒能張口說出來。

這種經歷實在是太憋屈了。在很多需要進行表達的場合，小雅發現自己總是不敢表達，哪怕在課堂上回答老師的提問，她也經常回答得支支吾吾的。

時間久了，大家都認為小雅是個很內向的人，因此自覺地將她歸入「沉默」的那類人。在生活和學習中，同學們無論誰遇到問題，都很少向她徵求意見和尋求幫助。再後來有聚會之類的活動，大家也很少邀請她參加了。這種處境令小雅感到非常難受。

在現實中，類似小雅這樣的人有很多，他們總是陷入一種「明明渴望與人交流，卻又無法開口表達，於是只能假裝沉默」的莫名處境。

為什麼會有這種現象？這些人在生活中究竟有過什麼樣的經歷，才導致他們陷入如此矛盾的處境？

渴望表達是人類的一種本能。不敢表達往往意味著這類人在童年與養育者的互動中遭受過表達創傷：表達了自己真實的想法，但是沒有人理睬；經常被人否定或嘲弄；總是不被人接納，甚至被攻擊……

在諮商室裡，我跟小雅開始探討她人生中對於「表達自己」最原始的記憶和感受，這個安靜的女孩突然變得很生氣。

她回憶起小時候一些難過的事：每當自己表達一個觀點或意見時，媽媽要麼不理睬她，要麼否定她，或者露出不屑的表情。尤其是在公共場合，媽媽總是誇獎別人家的孩子懂事、會說話，轉頭就批評、否定小雅：

「在公共場合，你說話要注意分寸，不要想到什麼就說什麼。」
「小孩子懂什麼？不懂你就不要瞎說。」
「你看你支支吾吾了老半天，看看人家某某，說話多犀利。」
「你怎麼總是這麼不懂事？你看叔叔阿姨都笑話你了。」
「你這個樣子，在學校老師怎麼可能會喜歡你？」
聽了媽媽的這些話，幼小的小雅感到異常羞恥，恨不得找個地洞鑽進去。
小雅的媽媽總是很在意小雅是否被別人喜歡、是否被別人看重。當小雅受到別人的讚賞時，媽媽會表現得很開心；一旦小雅在某些方面表現得不如別的孩子出色時，媽媽就會非常焦慮。
遺憾的是，在小雅媽媽的嚴厲教育下，小雅越來越不自信。雖然她的心裡總想著表現得好一點、要討人喜歡，可是在行為上她卻越來越不知道怎麼做才好，因此常常顯得很笨拙。
這一切都被媽媽看在眼裡，焦慮的媽媽每次在客人走後，都要對小雅進行一番教育。就這樣，小雅在媽媽長期的評判和指責中，與人互動溝通的能力變得越來越差。
後來，為了避免被媽媽評判、指責，小雅選擇盡量少說話，開始用「沉默」的策略來應對社交。久而久之，她就變成一個再也無法正常表達自己真實想法、唯唯諾諾的人。小雅的媽媽對她的影響，徹底滲透進了她的日常生活中。小雅接受了媽媽對自己的這些評判和指責，覺得自己原本就是一個表達能力很差的人。在以後的生活中，每次在和人溝通時，小雅都沒有把握、缺乏自信，害怕自己因表達不好而出醜。

事實上，除了評判和指責，媽媽還向小雅灌輸了一套「良好表達能力」的標準：要開朗大方，要懂得察言觀色，要討人喜歡，要很伶俐……

每次想到這些標準，以及自己以往的經歷，小雅就覺得既然達不到媽媽要求的標準，那就只好掩飾自己，盡量少表達或者不表達，以免出醜，讓自己陷入羞愧的處境。「我渴望表達，但我害怕出醜。」這大概就是小雅內心最真實的聲音。

像小雅這樣的人有很多，他們在小時候因為自我表達而受過傷害，這會讓他們形成一些心理的認知錯誤，最後讓自己成為沈默的人。

這些認知錯誤包括：

（1）我不會說話，容易出醜

他們認為表達是種能力，人只有達到某種標準才能具備這種能力。持有這種觀念的人不在少數，他們之所以會有這樣的觀念，往往是由童年養育者對他們灌輸不當的養育理念造成的。這些養育者往往不能接納自己的孩子真實的一面，他們一廂情願地愛著一個自己想像中的「完美」孩子，並用所謂的「完美」準則來要求自己現實中的孩子。

於是，他們會對自己現實中的孩子進行否定和批判，這就導致他們的孩子常常感到羞恥和不自信，認為真實的自己是不夠好的、不合格的，以致最後形成這樣的觀念：我需要變得完美才可以表達自己，不然結果就會很糟糕，我就會出醜。

一個無法接納真實的自己、總是害怕自己會出醜的人，必然會在社交場合中感到焦慮、緊張，因此便不會輕易發言，因為沈默對他是最好的保護。

（2）萬一我出錯了，他們會怎麼看我

他們認為表達是為了獲取別人的認可和讚美，而不是為了交流。

因為過於關注別人的評價，他們反倒不知道如何表達自己的真實想法了，而這種尷尬的狀態又增加了他們對表達的羞恥感和恐懼感。

此外，被動沉默者也會特別關注別人的表現，特別喜歡在心裡對別人說過的話、做出的舉動進行一番評論，對自己認為表現好的人就無比羨慕，對自己認為表現差的人則暗自嘲笑。

此時，在他們心裡「表達」的原意已經完全被異化了。總而言之，他們認為表達這種行為不重要，能否透過表達獲取掌聲、讚美和認可才重要。

（3）表達以後沒人理我，豈不是很尷尬

他們在進行自我表達的時候，通常伴隨著一種對於關係的渴求，一種對別人能回應自己的渴望。當他們說完一句話的時候，無論這句話本身重要不重要，他們內心都渴望別人能夠做出回應。

但是，如果他們在發出這種需求和渴望時，沒有得到別人的回應，他們就會對自己的需求和渴望產生懷疑，繼而產生羞恥感：「我這麼需要你，可你並不會滿足我，你並不需要我，一定是我有問題。」

為了避免這種「求而不得」帶來的羞恥感，他們便會逐漸壓抑自己的需求和渴望，甚至用不再發出需求和渴望來避免失望，從而造成對人際關係的迴避。在這種迴避性沉默的背後，是他們成千上萬次的失望，他們害怕自己的表達像一粒沙子一樣被投進大海中，得不到任何回應。

那麼，如何才能走出被動沉默的心理困境呢？

首先，被動沉默者需要意識到，與人打交道並不是對我們能力的考驗，而是普通的交流互動。

在諮商過程中，我幫小雅釐清了各種問題的來龍去脈，修正了很多不合理的人際交往觀念。

比如，我們在與人打交道的時候，並不意味著自己就處於一個被批判、被考驗的位置，即使我們做得不好，也並不意味著就會被不喜歡、不接納。我們與人打交道是一種出於本能的需要，就跟吃飯、喝水一樣。我們擁有評判自己的權利，這是別人左右不了的。另外，從我們自身做起，不再評判社交場合中別人的表現，學會把注意力放在別人表達的內容上。我們不要以排斥和挑剔的眼光去看待別人，而是要用一種全然接納別人的心態去與人交往。

當我們做到對別人全然接納，再也不因為別人的表達去評判別人時，我們便做到了接納自己，因此就不會再過於關注別人如何評價我們了。

其次，被動沉默者要走出被動沉默的心理困境，需要直視自己的恐懼和焦慮。因為有過心理創傷，被動沉默者在社交場合中面臨自我表達時，難免會感到恐懼和焦慮。我們需要意識到這種恐懼和焦慮，並嘗試直視它們、接納它們，而不是與其對抗。我們的恐懼和焦慮源於童年養育者對我們的否定和不接納，躲在這些恐懼與焦慮背後的，其實是一個無助、難過、委屈和絕望的小孩。

我們要看到自己內心那個受了傷的小孩，然後好好地擁抱一下自己內心的小孩。告訴他，這一切都不是他的錯，他很好，他沒有別人說的那麼差。

在諮商室裡，當小雅看到那個藏在自己恐懼背後，充滿了委屈的小女孩時，她不禁放聲大哭。雖然過了這麼多年，小雅內心那些委屈、恐懼、無助的情緒卻一直都沒有消失。它們一直在那裡，阻擋著她走向新的世界。

最後，被動沉默者要走出被動沉默的心理困境，絕對不能和敏感、緊張對著槓。

由於早年的經歷，被動沉默者養成了極度敏感的性格，但這已經成為既定事實，因此不要去跟自己的敏感、緊張對抗，也不要去跟別人比較。允許自己敏感、緊張，允許自己恐懼，接納自己的不足，真正做到理解自己，而不是強求自己。當你允許自己恐懼、敏感和緊張時，這些情緒反倒會被逐漸排解掉。

小雅終於意識到自己的敏感和緊張，是內心那個小孩被過度地否定、評判，不被接納而造成的。她再也不想難為那個小孩，再也不想對她提要求了。

渴望表達，是生命的重要動力，這在動物身上都表現得非常明顯，何況是有語言、有思想的人類。

沒有人喜歡長久的沉默，也沒有人喜歡永遠的冷漠。

一個人如果在生活中總是保持沉默，不敢做自己，勢必會壓抑自己的生命能量，從而自我設限，無法發揮自己的潛能。

不敢表達自我的人，就像縮在一個有著堅硬外殼的保護罩裡。在這個罩子裡，一切都是可控的，只可惜空間很小，他們在裡面按部就班地行動，不敢邁出一步。

有的人足夠幸運，可能會遇到從保護罩外面伸進來的一隻手，這隻手足夠堅定有力，引導他們走出罩子，並帶領他們起舞。

遺憾的是，有的人即使握到了這麼一隻手，卻還是因為過於恐懼，讓那種恐懼的力量死死地拖住了自己，最終還是不敢走出那個罩子。

還有的人終生都在等待，希望有人能找到沉默的他們，帶他們走出去，可惜終究還是沒能等到那隻拯救自己的手伸進來。

現在，我希望你可以像小雅那樣，去主動尋找那隻希望之手，找回勇氣，找回自己。

如何擺脫受害者心態

在生活中你有沒有見過這樣一種人：整天對生活、對他人充滿了不滿，一下控訴這個對不起他、那個欺負了他，讓他陷入糟糕的處境；一下憤怒世道不公、世風日下，讓他懷才不遇；一下又抱怨公司環境不好，主管有眼無珠，自己進了這樣的公司簡直倒楣透了，一點前途都沒有。

剛開始的時候，由於不明情況，聽到這麼委屈的控訴，我們心裡往往都會產生憐憫、同情之感，覺得他們真的挺倒楣的，真不走運，於是用心地給他們出主意。甚至有打抱不平者，摩拳擦掌想幫他們教訓一下欺負他們的人，或者給他們推薦一份好工作。

可是折騰了一番後發現，這種人好像對我們的建議完全無動於衷，或者說只是口頭採納了我們的建議，卻絲毫沒有在行動上表現出來，甚至有的時候他們還會一一否決我們的熱心建議，並擺出成千上萬條「此路不通的道理」，最終的結果就是他們無路可走。

既然已經無路可走，他們便日復一日地控訴下去、抱怨下去、憤世嫉俗下去。他們似乎永遠都被一攤爛事纏住，這些爛事就像蜘蛛網一樣，他們陷在「蜘蛛網」裡不能動彈，無法向前邁出一步。

我有一個親戚，從我懂事起，她就整天為自己的婚姻發愁，抱怨自己所嫁非人。她認為自己各方面條件都不錯，老公卻處處都很難讓自己滿意。就這麼十幾年如一日地，我的這個親戚始終鬱鬱寡歡，眉頭不得舒展，結果在五十多歲的時候便患乳腺癌去世了。

更悲慘的是她的子女們。因為一直以來他們的父母感情不和，所以他們對感情看得也比較淡。他們的媽媽去世後，大家各自奔天涯，分散在好幾個地方，大有老死不相往來的架勢。

我也經常遇到很多認為自己「懷才不遇」的人。這種人別的不擅長，就擅長發怒，文章寫得一般、詩寫得一般，但特別有「態度」。對於他們來說，似乎「態度」就是自己行走江湖的根本。而他們的「態度」也很單一，就是憤怒和鬱悶：憤怒於世道不公，不給有天賦的自己一個出頭的機會；鬱悶於自己雖才過屈宋，卻過著如此不堪的生活。但是十幾年過去了，我除了見過他們發牢騷，真的沒見他們寫出多少好文章、好詩篇。現在他們依然每天憤世嫉俗，依然在怨天尤人。當然了，他們越來越窮困潦倒，真的是「如願以償」了。

我承認，在這個世界上確實有懷才不遇的人，但真的很少，雖然梵谷、杜甫是有名的懷才不遇之人，但是人家有作品啊；在這個世界上也確實有人在遭遇不公，但「總是被欺負」、「被所有人欺負」這種事還是很少見的；世界上確實有人婚姻不幸，但是為此難受一輩子，把自己折磨到身患絕症，還影響到子女的也不多見。

說起來，以上這幾種人都有一個共同的思維模式——受害者思維，或者叫受害者心態。

所謂受害者心態，就是指對自己的處境非常不滿，但認為造成這種糟糕狀態的根源在於外界所有與其有關的人和事，當事人往往懷著一種極度無辜的心態。

因為長年累月地把自己放在受害者的位置上，這種人一般滿腹牢騷、怨氣沖天，甚至肝氣鬱結，影響身體健康。而他們的事業、家庭往往真如他們口中抱怨的那樣，經常遭遇挫折、不幸，甚至陷入絕境。具有這種心態的人，總是將自己的不幸遭遇歸結為一句「我就是命不好」，他們認為自己從來都沒有錯，都是命運使然。

什麼叫命運？命運是你內心的投射。為什麼說性格即命運？因為性格決定了你看待世界的方式，你的內心把世界解讀成什麼樣子，最終你就會活成什麼樣子。在心理學上，這也叫作自證預言的假設。

自證預言，是指人會不自覺地按已知的預言來行事，最終令預言發生。

例如，你若自認為不是讀書的料，那麼即使有時間，你也不會用在學習上，因為你覺得自己讀了也不會懂。最終考試成績一塌糊塗，你會對自己說：「我果然不是一個讀書的料！」

這個概念在辦公室裡又會有這樣的演繹：有人對你說，某個下屬跟你合不來，你就會不知不覺地專挑對方的缺點來看，越看越不順眼，結果大家因小事而反目，完全不能再合作下去，預言便實現了；相反，假如你相信你的下屬很能幹，你自然會多給他機會，讓他去發揮才能，即使他偶爾犯錯，你也會選擇包容，最終他亦會不負你所望，成為一個能幹的員工。

事實上，受害者心態是一種很常見的心態，它是人在遇到挫折時採取的一種自我欺騙、自我保護策略。人生在世，誰都難免遭遇挫折。在遭遇挫折後，人們一般會經歷以下五個心理階段：

第一，否認階段。極力否認事實的存在，逃避事實。

第二，憤怒階段。接受部分事實，但會表現出因事與願違所造成的憤怒和不平。

第三，討價還價階段。尋求解決方案，想盡方法解決問題。

第四，沮喪階段。在了解事實以後，心理上還沒能完全接受事實的存在，但是行為上已做出一定反應。

第五，接受階段。心理和行為上都已接受了事實的存在，並按照自己的選擇對事實進行處理。

所謂一般人都有的受害者心態，是指在遇到挫折後，我們都會經歷第一心理階段和第二心理階段，即否認和憤怒。經過一段時間後，有的人會繼續經歷第三階段、第四階段和第五階段，最終結果就是接受現實，並在這個基礎上重塑自我，調整自我和現實的關係，比如付出更多的努力，或者調整自己的理想目標，吸取教訓，建立起真實強大的自我。

也有的人在遇到挫折後，停滯在第一階段和第二階段，拒絕面對現實。因為挫折讓他們的自尊面臨威脅，為了避免這種威脅，他們拒絕承認現實，反而藉著否定別人和外界的方式來保護自己。或者說，這是一種具有自我欺騙功能的逃避策略，個體躲藏在裡面，逃避外界的「槍林彈雨」，逃避自己需要真正面對的成長。

還有的人透過對外界的控訴，製造自己無辜的假象。準確地說，他們是一種藉著扮演受害者而獲取好處的人。這種好處更多的是指一種心理上的自我安慰：

「周圍的人那麼骯髒，只有我一個人純潔，所以我有一種不媚俗的出眾。」

「周圍人都那麼壞，只有我一個人是無辜的，所以我不用負責。」

習慣控訴外界環境、總是認為自己「懷才不遇」的人，內心都有一個懦弱矮小、缺乏力量的自我。他們沒有能力面對現實，只能透過自我安慰來掩飾自己失敗的事實。

遺憾的是，很多人迷失在這樣的角色裡，活成了真正的受害者，整天覺得自己倒楣，最終就一直倒楣下去。那麼，如何才能擺脫這種受害者心態呢？

（1）學會自我負責

受害者心態的根源就在於自己不能為自己負責，總想讓外界對自己負責。一旦外界不符合自己的心意就自怨自艾，陷入頹廢、憂傷的自我折磨中，從而喪失行動力。

一個心智成熟的成年人，應該認識到自己的生命必須由自己來負責。想要得到什麼，都需要自己去爭取，不要指望別人為你爭取。沒有誰可以替你設計一種一勞永逸的人生，也沒有完美的環境和人，讓你一切都稱心如意。但具有受害者心態的人總是抱有不切實際的幻想：指望外界做出改變來遷就自己，指望外界能對自己的遭遇負責。

（2）學會寬容

寬容會讓一個人的真實自我變得強大，它是一個人心智成熟的重要表現。寬容別人，有時也是放過自己。當你開始承認，在這個世界上很難有十全十美的東西時，你可能就學會了寬容。一個不懂得寬容的人，會根據自己的偏見要求別人和客觀世界為他做出妥協。但別人有自己的意識，客觀世界也並不以某個人的主觀意志為轉移，這就會引發他內心的怨恨，最終所有的怨恨都會反噬自己。

（3）培養重建自我的能力

能否直視現實，是考驗一個人真實自我是否強大的關鍵。具有受害者心態的人無法面對現實，這種「無法面對」的背後其實是自我力量的缺乏。這可能是因為他們在親子關係裡受到的積極肯定過少、消極否定過多，所以我建議具有這種心態的人去找專業的心理諮商師，回溯一下自己的幼年經歷，修正消極的自我認知。

（4）懂得感恩和付出

停留在受害者思維模式裡的人，最大的特點就是否認周圍的美好、放大周圍的醜惡。這種透過否定外界來讓自己保持優越感的方式，會讓他們永遠看不到別人的優點。同時，又由於這種優越感本身是虛假的，他們覺得自己始終處於匱乏的狀態，看不到自己「得到」的東西，所以他們永遠不懂得感恩。當他們把精力集中在抱怨上時，他們自然就喪失了行動力，根本體驗不到付出的快樂。他們永遠無法得到成功完成一件事情的正向反饋和積極體驗，只會讓自己的情緒陷入惡性循環。

因此，當你覺得自己因懷才不遇而憂傷、落寞時，當你整天憤世嫉俗，認為自己比別人高明時，請一定要把自己罵醒：這種行為只是一種幼稚的表現。

你可以宅一陣子，但不能喪一輩子

不知道從什麼時候起，身邊總有人跟我說：

「發現自己越來越宅了。」

「一到週末就什麼都不想做，只想躲在家裡。」

「明明知道外面有很多活動，但是感覺沒什麼興趣，沒有出門的欲望。」

原本只作為少數人的屬性——「宅」，在當今社會似乎正蔓延開來。我不知道如果現在做一下調查，會有多少人是宅男宅女，但感覺周圍自稱是宅男宅女的人越來越多了。於是，我們在生活中便越來越多地聽到類似的對話：

「週末打算去哪？」

「哪都不去，就在家宅著。」

與此同時，有一種與「宅」緊密相關的文化，逐漸在年輕人族群中流行，那就是

「喪文化」。

「喪文化」的流行，始於網絡上一度瘋傳的那張「葛優躺」的圖片。這張圖片傳達出的無力感和頹廢感，因其準確地展現了當代年輕人的疲憊心態，從而迅速引起了大家的共鳴。

有一種「宅」是對人際關係的逃避。一個人如果很難在人際關係中感到舒服、獲得滋養，通常就會選擇逃避。這種人的外在表現就是比較宅，相較出門參加社交活動，他們更願意待在家裡玩遊戲、睡覺，做一些對自己來說更有控制感的事情。

有一種「喪」，是對自己的無能為力。心理學上有個名詞叫「習得性無助」，指的是如果一個人反覆地經受失敗，在不管付出多大努力後依然遭受失敗的情況下，就會逐漸進入憂鬱狀態，對自己的能力漸漸喪失信心，從而產生無力、絕望的感覺。

當然，「喪」的狀態不至於這麼嚴重，但是身體上的嚴重疲憊無力和精神上的極度頹廢低迷，會使人產生一種輕微憂鬱的感受。

還有很多年輕人，他們選擇「宅」和「喪」的狀態，是一種自嘲精神的表現。他們往往背負著求取世俗成功的巨大壓力，一旦發現成功無望，就不再執著於追求外在的光鮮，轉而接納自己「就是這樣平凡的一個人」，覺得「我躺著什麼都不做的狀態挺棒的」。這是一種無奈的表達，也是一個人在高壓之下為自己找到的一個宣洩壓力的出口。這個出口即使看上去讓人心疼，但可能已經是當代年輕人所能選擇的為數不多的一種舒服的姿態了。

有人認為，某種意義上，「喪」代表一種淡泊、安穩的心態，是一種正能量的表現。對於每個承受著高壓的個體，好像確實如此。但是我們不妨從一個更廣的範圍和更高的層次想想，我們真的只能靠「宅」和「喪」來為自己找宣洩壓力的出口嗎？

我們究竟經歷了什麼，讓自己變得如此無力？

人往往不是因為極不務實而被淘汰，而是因為一旦表現出一絲鬆懈，就會遭遇很多的指責、壓力、不理解，甚至被邊緣化。當這樣的遭遇多次發生時，人們會不自覺地對自己身上的某些特質進行「閹割」，強迫自己「積極向上」，那些基本的人性或許正在消失，逐漸變成一個急功近利的人。因為你如果不這樣做的話，就會承受重大的壓力，覺得沒有人會看得起你，認為自己毫無價值。

當一些簡單粗暴的標準成為唯一考量自己和他人的準則時，大批「積極向上」的人可能根本就不會考慮自己所作所為的不合理之處，而是繼續理所當然地在生活中去執行這些標準。

一個人會在內心對自己進行暴力改造，我將此稱作「去人性化」。大多數去人性化的過程，不是一個缺乏反省能力的普通個體所能控制的。

有時你會發現，人類在設計規則方面，真是有著無與倫比的天賦；有時你又會發現，人類往往又會為自己引以為傲的天賦淪為犧牲品和受害者。

沒錯，很多人既是規則的參與者和建構者，同時又是受害者。

回到「宅」和「喪」的主題上。

為什麼「宅」和「喪」的狀態會在社會中蔓延？

為什麼人們會變得如此沒有活力、如此頹廢，以致閉門不出，迴避社交？

為什麼人們只能用小確幸和自嘲來安慰自己？

事實上，一個人變得越來越「宅」，越來越「喪」，可能源於以下幾個因素：

（1）不願面對人際關係

越來越多的人不願意去面對人際關係，刻意迴避人際關係，這很有可能說明我們外在的人際關係評價模式出了問題。比如，人際關係的衡量標準越來越聚焦於競賽式比較：比財富，比社會地位，比顏值，等等，這些攀比勢必會給人帶來壓力。

人們將「顏值即正義」、「何以解憂，唯有爆富」等口號掛在口頭上，保存在記憶裡，我不知道有多少人是爆富的，又有多少人可以實現爆富。我們如果過多地關注這些攀比的內容，最終只會讓自己陷入自我效能感低下、缺乏活力的狀態。久而久之，越來越多的人就開始迴避人際關係，因為至少在家裡把門一關，可以暫時與外面的世界隔絕——這個世界對我的要求太高了，索性就讓我躲在家裡吧。

（2）過多的實用主義思維

實用主義已經流行了很多年，以致在年輕族群中的影響根深蒂固。「不做無用之事」，這大概就是我們的一種典型的思維方式。

但遺憾的是，我們的人性需求不分「有用」和「無用」，我們的靈魂需求不分「有用」和「無用」。「有用」和「無用」只是物質世界裡基於社會需求，針對事物的一個分類方法，可惜我們現在已經將此嚴重泛化了。

符合我們利益要求的，我們就去做；不符合我們利益要求的，我們就不做。對我們有用的人，我們就去結交；暫時看不到對我們有任何用處的人，我們就不結交，甚至迴避。不少人都如此看待事物、看待他人，把一切當作我們實現目標的工具。人們把他人工具化的傾向越厲害，對人際關係的厭惡和迴避程度就越嚴重。

同時，你將他人工具化，其實也是將自己工具化，這種物化自我的行為，也會讓你打從心裡更加厭惡社交。

（3）失控感

我們面臨的最大問題就是個人價值的渺小。工業化的發展讓「流水線」、「螺絲釘」

的理念深入人心，很多人一輩子都可能只是屬於某條流水線上的一顆螺絲釘，顯得渺小的可憐。

在這樣的一種精神氛圍裡，個人的價值感在哪裡？一切都讓人感到無力、失控。

一個人對外界的失控感越強烈，就越容易躲在自己的窩裡，因為只有在這個窩裡，才能感受到自己對人生的掌控感。

（4）「成功」的奴隸

「成功」好像從來都沒有像今天這樣，幾乎讓所有的人都甘願成為它的奴隸。有些人為什麼會「喪」？是因為他們覺得自己離「成功」太遠，遠到自己無能為力，因此只能靠「喪」的方式來尋找一個壓力的出口。

我們被「成功」捆綁，於是對自己施行去人性化，也將別人工具化。

然而，我們的理性雖然可以強制要求自己這麼做，但是我們的人性承載不了如此暴力的要求，所以我們坐立不安，一會兒憂鬱，一會兒焦慮，實際上就是在反抗。

每個人都是人際關係裡的一面鏡子，人際關係也是每個人的一面鏡子。越來越多的人因憂鬱、焦慮而選擇「宅」和「喪」的生活狀態。一個時代的環境是人性的投射，環境反過來又會作用於人性，我們既是重壓之下的承受者，同時又是這個時代的建構者。

在當今社會，最大的惡就是「急功近利」。

不論是成功的人，還是失敗的人，不論是焦慮中的我們，還是大批的「空心人」，我們為了追求物質生活富裕，可能都付出了巨大的精神代價，這些代價便是：我們的精神創傷不斷瀰漫、擴散，讓我們的內心不得安寧。

我想說的是，不論是社會，還是個人，都需要少一些「成功」欲望，多一些人道主義精神。

每個人都應該多花一點時間，去反思一下那些所謂的「標準」和「合理性」，讓自己透過那些標準和規則看到背後的人，在物與人的衡量中，在規則與人的衡量中，把人看得高一些。

只有每個人都真正去實踐人道主義，真正做到以人為本，我們的人性才會一點點地回歸，我們才能把自己從精神的荒漠裡拯救出來。

Part 2 走出自我設限的牢籠

為什麼要保持一無所有、一無所知呢？因為我們對「有」和「知」不加警惕，就會被它們誤導，從而迷失自己，陷入一層層妄念中，最終背離真實的生活。

如何找到行動力

現代人流行一種病，叫拖延症。我們可以把這種病的表現簡單描述為：自己陷入一種明明知道應該做什麼，但就是無法行動的狀態。

通常情況下，伴隨著這種「無法去行動」的狀態，有的人還有很多強烈的情緒，比如自責、內疚、焦慮、悔恨。有的人甚至伴隨著另外一種行動，比如暴飲暴食，如果問題再嚴重些，就會發展成暴食症。當然，如果問題嚴重到發展成暴食症的程度，可能就意味著最初的問題發生了轉變。我們從起初對某件事的拖延，已經轉變成對個人形象無法達到滿意的焦慮和自責的狀態。

有意思的是，患有拖延症或者暴食症的人每次來找我諮商時，他們總是無比自責，覺得自己不應該這樣做。很多人覺得自己缺乏自律能力，意志力太薄弱，從而陷入對自己深深的痛恨中。可是這種問題並不好解決，每次做完諮商回到生活中後，他們總是會忘記當初設定好的目標，繼續陷入頹廢、憂鬱、拖延或者暴飲暴食中，依然不去做那些自己認為應該做或者值得做的事。

在因為自律或者拖延問題來找我諮商的來訪者中，存在這樣一種現象：這些人身上似乎都存在著兩個自我，一個是要求性的自我，另一個是喪失了行動力、非常無力的自我。就好像一個正在開車的司機，要求性的自我不停地踩著油門，要求自己加速前進，但是喪失行動力的自我卻垂頭喪氣，一動不動。於是要求性的自我變得歇斯底里，對著車身又踹又打，可是問題也沒有得到解決，喪失行動力的自我依然不能讓車朝著目標前進半里。

整個過程中，要求性的自我一直都非常賣力、非常亢奮，但是有什麼用呢？喪失行動力的自我總是不為所動。問題的關鍵就在這裡，要求性的自我一直在想：他為什麼會這樣？他為什麼和我不一樣？！

喪失行動力的自我也在想：為什麼我不是他？！我好想成為他！我就是因為太缺乏自律能力了，所以我才這樣無力，才跟他差著十萬八千里！我太讓人失望了，我討厭我自己！

有沒有人想了解一下，為什麼兩個自我之間的差距這麼大？問題究竟出在哪裡？

要求性的自我只是在不停地提要求：你應該這樣做，你不應該那樣做。喪失行動力的自我則陷入不停的自責中：都是我的問題，我怎麼這麼差？我不該這樣！

如上所述，一個擁有拖延行為的人的內在，總有一個要求性的自我與一個喪失行動力的自我在不停地吵架。

要求性的自我非常有力量，很多時候他的聲音大過一切，這個聲音的主要內容就是不滿、指責、失望和攻擊。而喪失行動力的自我，則充滿無力感和羞恥感，他不停地自責，卻無法邁出改變的第一步。

為什麼兩個自我一定要不停地吵架呢？為什麼二者不能好好地合作，把精力真正用在解決問題上面呢？為什麼要求性的自我就不能認真傾聽一下那個無力的自我在說什麼，到底為什麼無法做出行動？他需要的是什麼？

當我讓來訪者們放下不夠自律這個歸因，讓他們單純地談談他們無法行動的感受時，他們說了很多：

「因為目前的工作環境發生了很大的變化，主管總是對我不滿意，我對他有很多憤怒。我的壓力很大，但我又對自己一點信心也沒有！所以我覺得很累。」

「因為我辛辛苦苦寫的文章經常被人剽竊，但我的文章的閱讀量卻比不過人家。更鬱悶的是，人家對我的文章進行二次加工後，明顯比我寫得還要好！」

「因為我對自己的學習能力沒有信心，所以我覺得很無力，我不知道如何面對無窮無盡的學業知識。」

「那項任務做起來真的太難了、太有挑戰性了。每次我都覺得快把自己逼瘋了，特別害怕去面對它。」

「我其實根本不想做這份工作，但我又找不到更好的工作。」

一切的一切，其實只是因為那個行動性的自我遇到了困難，卻不知道如何去面對這些困難，於是就簡單地將此歸結為：「是因為我不夠自律。」

我們每個人與自己相處的方式，基本都是早年跟父母的關係模式的內化。要求性的自我一般代表著父母早年對待我們的模式，行動性的自我則是我們真實的樣子。

當一個人出現了嚴重的自我內耗——要求性的自我和行動性的自我發生衝突，說明要求性的自我希望能和行動性的自我達成一致，一起去解決問題，行動性的自我也認為只有透過這種方式才能真正解決問題。將其還原為父母跟孩子相處的模式就是：每當遇到問題，父母會透過讓孩子達到自己的要求這種方式來解決問題，如果孩子達不到自己的要求，父母就會非常不滿、非常生氣，甚至不停地攻擊孩子。

當孩子沒有達到父母的要求時，就會認為自己有問題，從而陷入不停的自責中。

在這樣的家庭裡，責備常常被認為是一種解決問題的方式。如果孩子出了問題，就會受到父母的指責。孩子的感受往往會被父母忽視，孩子的行為往往都是圍繞著父母的要求建構，父母跟孩子的連結就是「要求」。

正如前文所述的要求性的自我對待行動性的自我那樣，父母從來不過問孩子內心的真實感受，從來不關心孩子想要什麼，他們只是在不停地反饋：「你不應該這樣做！你這樣做是不對的！」

總而言之，他們總是在用「理想中的孩子」去要求「現實中的孩子」。

如果孩子沒有表現出父母所期待的行為，父母就可能會給孩子貼上標籤：你這樣做是缺乏自律，你那樣做是意志力薄弱；你這樣做是不合群，你那樣做是輕浮……但是誰來幫助這些孩子從不夠自律、意志力薄弱、不合群或者輕浮中走出來呢？他們為什麼會陷入這種狀態中呢？

可惜，父母解決問題的方案就停在貼標籤那裡了，以致這些孩子從來都沒有學會如何改變自己目前這種糟糕的狀態。這些孩子甚至不知道去覺察自己的內心，去尋找問題出在哪裡，更遑論去尋求幫助。他們只是被告知自己有問題、不被接納和認可，等於是被扔進了自責和焦慮的漩渦裡。而這種自責和焦慮，足以摧毀一個人。

實際上，這種家庭中的父母，自己本身就容易陷入焦慮中。當問題發生時，當面對一切不如所願的事情時，他們自身沒有足夠的心理容量，就很難處理自己的焦慮情緒，於是會下意識地把焦慮情緒扔給孩子，並不能真正地解決問題。

遺憾的是，現實生活中這樣的父母有很多，他們並沒有意識到應該教會自己的孩子解決問題。如此一來，孩子們學到一種看似解決問題的模式——透過自責或責備他人，讓問題不了了之。殊不知，真正的問題一直都存在，從來沒有被解決。

自責、貼標籤都不是解決問題的方法。你只有找到隱藏在自律問題背後的真正原因，面對自己真實的感覺，才能慢慢地提升解決問題的能力。

簡單地說，提升解決問題的能力可以分為以下幾步：

（1）面對自己的感受，讓喪失了行動力的自我說話

每個深陷自責之中的人，內心裡要求性的自我聲音蓋過了一切。但是，你必須先嘗試不過度關注這些聲音，然後讓喪失了行動力的自我說話，聽聽它為什麼會喪失行動力。

以我為例，我有段時間懶得經營網路寫文章，原因可能如下：情感枯竭，激情消失，找不到寫作的感覺；對剽竊、抄襲自己文章的人憤怒不已，影響了寫作的熱情；覺得別人寫得好，對自己目前的寫作水平不滿；約稿太多，不知道如何合理安排創作，因而感到厭倦；日復一日地寫，越寫越重複，開始煩躁；需要做的事情太多，就是單純地覺得身體累了……

總之，只有先去關注自己真正的感受，面對自己內心真實的聲音，你才能知道喪失了行動力的真正原因。

（2）處理導致自己喪失行動力的問題

按照心理學家比昂的說法，喪失了行動力的人需要為自己建造一個容器。在這個容器裡，你可以收納一部分自己的負面情緒，並對其進行加工處理。你如果暫時建造不了自己的容器，還可以藉助別人的容器——求助於別人，讓別人幫助你面對壓力。有些困境你可能自己走不出來，但你可以去找人傾訴，聽聽別人的建議。因為有時候你自己覺得很難解決的問題，可能在別人眼裡根本就不是問題。

假如我感覺身體累了，那我確實需要休息，因為身體不會撒謊，我不能繼續損害自己的身體；假如我對剽竊、抄襲自己文章的人感到憤怒，我就應該想想怎樣才能盡可能地避免別人對自己的侵犯，可以嘗試在發稿前把文章多修改幾遍，避免別人剽竊我的觀點；我可能需要改進寫稿的方法，不能像以前那樣隨性地寫。總之，我需要做的是想辦法處理以上問題，讓自己生活得更舒服，而不是一味地讓自己沉浸在憤怒和憂鬱中。

（3）將行動力建立在對自己的清晰認識上

我們缺乏行動力，往往是因為在行動面前有很多的障礙和負面情緒沒有被清掃、處理掉，但是我們自己並不清楚，卻選擇了另一種無效的處理方法。這就好比廚房的下水道堵了，我們卻在不停地責怪抽油煙機一樣。

我們無法在意識層面上允許自己表達對父母要求和干預的憤怒，所以只能在潛意識裡表達這種憤怒，以一種我們並不理解的方式對象徵著早年父母要求的事情進行強烈的抗議。如果意識層面不允許我們休息，那麼潛意識只好透過其他途徑命令我們休息。

事實上，我們不是天生頹廢或者憂鬱的，只是如果總是找不到自己生命力的展現方式，就會讓它用一種歪曲或者自我傷害的方式偷偷地展現出來。

所以，很多時候你的喪失行動力，恰巧是另外一種可怕的行動力展現。所謂頹廢、憂鬱，其本質不過是一種變相的自我批判。

我們只有先認識自己，才能找到自己的行動力。

你明明很優秀，卻依然很自卑

生活中，很多人存在這樣一種困惑：從各方面來看，自己似乎都已經做得不錯，甚至很優秀了，可自己的內心卻依舊感到自卑。

比如，就讀於國內名牌院校，顏值頗為出眾，但就是沒自信；年薪超過絕大部分同齡人，有房有車，但心裡沒有感到一絲輕快；工作其實做得很好，也常常獲得各種獎勵和肯定，深受主管認可，但內心還是緊張不安，總是覺得自己不夠好……

其實可以歸納為：「明明我已經有條件自信了，可為什麼還是感覺不夠好？」

這種感覺就像你的外在已經逆襲成為一個霸道總裁，可是你自己隱隱覺得，你的內心還是處於一種自卑的狀態。

為了擺脫這種自卑的心態，你其實用了很多補償性的外在顯示。但是這種補償性的外在顯示越多，你就越覺得自己有一種虛張聲勢的虛弱感，最後心裡開始自我憐惜：

「為什麼我不夠好？為什麼我享受不到自信滿滿的人生？」

「我已經很優秀了，可我的內心為什麼感覺很累，甚至比以前更加疲憊？」

很多人之所以會有類似的困惑，是因為他們誤解了一件事情：

一個人外在優秀不優秀和內心自卑不自卑其實是兩回事。

甚至對於很多人來說，外在優秀正是對內心自卑的一種補償。這就好比你有一個短處，所以就拚命發揮自己的長處，試圖透過這樣的補償行為來改善自己的負面情緒。然而，結果往往事與願違。因為你的內心一直有一個離譜的錯誤假設：「只有各方面條件都優秀的人，才有自信的資格。」

面對現實生活中那些不夠優秀卻有自信的人，有自卑情結的人可能會表現得很憤怒：「為什麼他那麼差勁，自我感覺還那麼良好？」

一個有自卑情結的人在表現出這種憤怒的時候，如果他對自己足夠忠誠，往往還會發現，自己對別人除了鄙視，一定還會有一種不易覺察的羨慕和嫉妒的心理。他無法理解別人為什麼會那麼自信，而自己明明很多方面都比別人好很多，卻無法做到像別人那樣自信。

事實上，那個自信的人自我感覺是不太受外在條件限制的。外在條件好不好，他的成就多寡，很難威脅到他的核心自我。

深陷自卑情結的人不明白，真正決定一個人是否自信的是他的核心自我。當一個人把自我感覺都條件化的時候，就永遠無法做到真正的自信。因為自信的本質在於自我的接納——自信是在自我接納的基礎上建立「我可以」的信念。

自卑的人之所以自卑，就是因為他們內心無法做到完全接納自己。

正是因為不能自我接納，導致他們認為自信是需要條件的，不允許自己在某些方面落後於人……

反觀一個自信的人，他們往往很少對自己的核心自我產生懷疑。在自信的人的自我認知裡，他們的核心自我是被認可的。但在自卑的人的自我認知裡，他們的核心自我往往是不被認可的，所以他們需要透過外在取得的成就去擺脫這種不良的核心自我體驗，而且他們認為只要自己的外在優秀了，核心自我就會脫胎換骨。

事實真的是如此嗎？

一個人穩定良好的核心自我和糟糕不良的核心自我信念，主要由早年的經歷造成。在早年與父母的互動中，如果孩子被父母持續性地要求必須達到某種條件或者標準，才會被認可和讚賞，而當孩子做得不夠好的時候，則被父母不停地指責、批評，那麼孩子就很難形成一個良好的核心自我。

或許父母的最終目的是希望孩子上進、努力、勇攀高峰，但是，父母如果沒有在表達上強調對孩子的整體接納，就會被孩子認為是他自己不夠好，他只有達到一個個的標準、拿到一個個的獎勵，才能改變自己這種不夠好的狀態。他會對自己充滿防衛心理，害怕自己重新回到原來的處境，所以就會出現這種現象：有自卑情結的人獲得一些成就後，短時間內會表現出一定的自信，有時甚至會表現出無與倫比的自信，但是他們無法持久地自信下去。往往過不了多久，他們又會進入自卑的狀態，所以他們需要持續地取得成就，以此來維持自己的自信。

可想而知，這樣的人該有多累！累的根源就是他們對自己「不優秀」、「沒有成就」的防衛，也就是對「不優秀」、「沒有成就」的自己的不接納。儘管透過努力他們其實已經很優秀了，但這種「不優秀」、「沒有成就」的擔心一直存在。一個人只要內心存在這樣的焦慮，就需要付出更多的努力去抗衡這種焦慮。

一個對自己的「不夠好」充滿防衛感的人，怎麼可能真正自信起來呢？這說明他對自己充滿懷疑，即使外在的條件改變了，他內心那種糟糕的核心自我假設也沒有隨之改變。

那麼，我們如何才能走出自卑，建立真正的自信呢？

（1）接受自己是個凡人的事實

一個人要想走出自卑，最重要的是從內心裡做到接納真實的自我。這聽上去很容易做到，但實際上並不容易。

要做到接納真實的自我，我們首先要做到直視自我。很多人都做不到直視自我，因為直視自我需要強大的心理素質。

在成長的各個階段中，我們採用了各種防衛機制來避免自己受到創傷，這叫作自我保護。一個人如果沒有足夠強大的心理素質，內心沒有較強的安全感，就很難做到直視自我。在條件不足時，直視自我可能會讓一個人徹底崩潰。

我們可以依靠締結一段結實可靠的關係，慢慢地去建立內心的安全感。在安全感充足的情況下，我們才有能力直視自我。

自卑的人一般很難直視自我。可能因為他們早年和父母的關係不好，時時發生衝突，父母沒有給他們提供安全的環境，給他們更多的是一種苛責的、有壓力的環境。在這種環境中，自卑的人沒有直視自我的機會，因為他們面對的往往是無盡的緊張和壓力，以及為擺脫這種狀態所做的努力。

而對於能夠直視自我的人來說，在其幼年時，父母一般都是作為一個清晰穩定的鏡像存在，能夠給他們提供足夠穩定和一致性的回應，使他們對自己的缺點和優點的認識比較客觀。但是一個人如果早年在親子關係上同父母存在隔閡，就會透過外界的反饋認識到一個糟糕的自己，為了避免這種體驗，就會出於本能逃避直視自己，並且會一直持續下去。

是的，很多人付出了很多努力，做了很多事情，獲得了很多成就，本質上就是為了能夠不去面對自己。因為在他們的核心自我認知裡，自己是糟糕的、不被認可的，甚至是可怕的。如果想要糾正這種錯誤的認識，我們就需要在一段安全的關係裡，重新面對真實的自己，看看自己是否真的那麼糟糕，然後重塑自我認知，建立對自我認知的客觀評價系統。

（2）走出自戀和完美主義

完美主義也是一個老生常談的話題。很多時候，我們覺得一個人有完美主義傾向，似乎更多的是指這個人存在自我要求過高、苛責自己的行為。實際上，一個人的完美主義傾向還可能是過於自戀導致的。

當一個人用不正常的、完全高於常人的標準要求自己時，其實隱含了一個訊息，就是他不甘心做一個普通人，而希望做別人都做不到的事情。他不能接受普通人的標準，必須要做到更好。所以，高於常人的標準，才是他的標準。

我們每個人都是普通人，每個人都有煩惱和優缺點，接納這一事實的過程，也是一個擺脫不切實際的全能自戀的過程。需要注意的是，接納自己是個平凡的人，並不意味著甘於碌碌無為地過一生。實際上，一個人只有接納了自己，對自己的優缺點心知肚明，然後在現實中不斷努力，才更容易獲得成就。

很多人之所以不敢降低要求自己的標準，或者摒棄對完美主義的執著追求，是因為這些標準可以幫助他們維持自己想要超凡脫俗、「不泯然眾人矣」的理想和期待。但遺憾的是，我們用這種標準來苛責自己，對於取得成功往往是於事無補的，甚至還會消耗自己大量的心理能量用於內心的自我建設，最終導致自己裹足不前。

透過彌補內心的自卑獲取成功的情況也有，但是這樣會讓人感覺很累，往往付出的代價也會很大，而且這種成功不可持續。一個真正成功和優秀的人，他的內在成長和他的外在表現一定是同步的，甚至超越了外在表現。即使這個人暫時失敗了，但還能站起來，因為他有再次站起來的實力。

接納自己意味著對自己進行全面洞察。一個人對自己理解得越深刻，就會對別人越理解，進而對人性也會理解得越來越深刻，這樣就不容易陷入自卑中。

所以在一定程度上，你之所以感到自卑，是因為你不了解這個世界，更不了解你自己，還在忙著處理幻想世界和幻想中的自己的關係。那麼，你在面對真實的世界時必然存在障礙。

（3）更新自己的價值判斷標準

自卑的人大多數意識不到他們一直在使用一些不易覺察的僵化標準來評價自己，不管他們獲得多大的成就，都無法把外在的優秀內化到自己的那套評價標準裡。

這些不易覺察的僵化的標準常常包括：

第一，經常拿自己的不足跟別人的長處做比較。

個子矮的人專門找個子高的人比身高，結局只能是慘敗。自卑的人會因為自己的某些不足之處而一直「耿耿於懷」。類似的情況太多了，比如有個女生僅僅因為臉上長了一塊斑，就常年不敢見人。在她二十多年的人生裡，一直被這塊斑折磨著。聽起來很荒誕，但這是發生在我身邊的真實故事。

我們得承認，生活中確實隨處充滿著比較，但我們在做比較的時候，其實很少在兩個人之間以單一的條件進行比較，一般都是綜合比較。其實，真實的比較結果很可能是：你雖然個子矮，但你幽默、會說話。所以綜合來看，個子矮的你並不一定比個子高的人差。同理，雖然你臉上有塊斑，但你身材好啊……

生活的真諦在於利用好你手裡已有的資源，去打好人生這場牌。如果你的眼睛和內心只盯著自己的不足和缺陷，往往就會在錯過了太陽之後，繼續失去群星。

第二，只關注自己做得不夠好的地方，完全忽視自己做得好的地方。

如果一個人不能停下來好好審視自己內心那些僵化的標準，出於慣性，他就會被僵化的標準控制，持續使用這些僵化的標準來評價自己。

學會反思很重要。一個人在取得一定的成就後，要學會停下來，把新發現的自我優點梳理一下，納入自己的評價體系裡，充分認識自己、覺察自己，擺脫那些不合理信念的束縛；當遭遇挫敗時，更要學會停下來，把自己暴露出來的缺點梳理一下，該吸取的教訓就會因此變得清晰起來，從而避免把失敗泛泛歸因於「自己不夠好」。

自卑常常是思維懶惰的一種表現。

所謂思維懶惰，主要是指缺乏將自我作為研究對象的分析思維。這就像執行計畫，一個人如果不經常進行方法論做總結，任由每個計畫帶著自己跑，就會越做越累。即使他贏得了一些成就，但如果不及時更新對自己和他人的認知，那麼這種成就很有可能無法持續下去。

生命如道場，自我修練是持續一生的過程。如果一個人只關注外在的成就，而不去覺察和反思自己的內心，就容易陷入迷茫。

從現在開始，請停止用早年的慣性思維思考你的人生，學會成為一個能夠獨立思考的人，這是你走向成熟和自信的第一步。

為什麼你總覺得自己不配被愛

在現實中，對於很多人來說，付出愛很不容易做到，但還有一類人，他們很難接受別人的愛，俗稱「被愛無能」。

你可能會覺得詫異：什麼？世界上還有討厭自己被愛的人？

沒錯，確實有這麼一類人，他們無法接受別人愛自己：遇見自己喜歡的人或者喜歡自己的人，他們都會選擇迴避；他們不敢接受別人的愛，無法建構讓自己滿意的親密關係；在生活中，他們從來不敢麻煩別人，也不敢表達自己的需求；他們習慣為別人付出，從為別人的付出中確認自己的價值；他們習慣性忽視自己，看不到自己本身具有的價值。

「被愛無能」的人總是在感情萌芽的時候就開始感受到壓力，最終選擇迴避、逃離，從而無法跟自己喜歡的人在一起。

我的一位女性朋友就曾有過這樣的經歷：追求她的男生已經到了她家樓下，還是被她硬生生地拒之門外。結果呢？她自己偷偷躲在家裡心痛落淚。其實她並非不喜歡那個男生，而是總覺得一段美好的愛情似乎不應該屬於自己。對於兩個人相親相愛這種場面，她根本想像不出來，所以在面對自己喜歡的人時，她不是感到激動、興奮，而是產生了莫大的心理壓力，最後只能選擇用逃避和拒絕的方式來應對。

她對我說：「我其實就是覺得自己配不上他，覺得自己不應該和他那樣優秀的男生交往。」

「我害怕在靠近他以後，暴露出自己真實的一面，這一定會讓他失望。」

「與其最後讓他失望，不如放棄開始。」

對於我的這位女性朋友來說，她在潛意識裡始終認為沒有人會真的愛她，沒有人會喜歡真實的她，所以這麼多年裡她錯過了很多追求她的人。

對於自己的這種狀態，她深惡痛絕，但又始終無法擺脫，因為那是她從小就習慣了的一種狀態。

有些「被愛無能」的人，他們感覺自己配不上的有時並非具體的人，還可能是抽象的愛，比如認為自己不配擁有愛情。

總之，他們都是因為「被愛無能」，所以才讓自己一直處於一種「無人愛的狀態」。

我的一位女性來訪者小菁，她遇到的問題是：在每一段感情中，自己總是「被分手」。

一旦和對方確立關係後，她付出的愛就會越來越多。而對方對她的愛卻越來越少，往往從一開始的熱情、迎合到後來變得沉默，繼而冷淡、敷衍，接下來便是實施冷暴力，最終向她提出分手。

每一次，小菁都是「被分手」的一方。

小菁將此歸結為男女在處理感情問題方面的差異，心裡覺得很不公平。

「我不明白，我那麼愛他們，那麼關心他們，我對他們比對自己都好，為什麼他們最後都要離開我？」

我問她：「這些男人都為你做過什麼，讓你如此不顧一切地對他們好？」

小菁停頓了一會兒，若有所思，然後說道：「難道他們需要為我做什麼嗎？」接著她又說，「他們確實沒為我做過什麼，可我對他們那麼好，難道他們不覺得感動嗎？有男人會討厭為他們付出很多、很愛他們的女人嗎？」

從小菁的話中我感受到的是，在每一段感情中，她的心裡全是對方，無時無刻不在想著如何滿足對方的需求。她不明白的是，正好是自己無微不至的付出以及無條件滿足對方的需求，才讓對方覺得這份愛索然無味。因為他們的內心大概想的是：「我都不需要為你做些什麼，你就對我這麼好。那麼我的價值在哪裡？我在這段關係中到底有什麼用？看來我只好什麼也不去做了！」

在戀愛中，一味拚命付出的人似乎總是在建構這樣一種關係：「我是媽媽，你是嬰兒，讓我證明我是個好媽媽吧。」

長期被人放在「嬰兒」的位置上，這對於正常的男女來說，心理上一定得不到滿足，因為他們也想付出自己的愛，也想在心愛的人面前證明自己的價值——感覺到自己被需要、被依賴。

尤其對於男人來說，在戀愛中，感受到自己被依賴、感受到自己有價值，是一種不容忽視的心理需求。

但是對於付出型的「被愛無能」的人來說，他們剝奪了對方的正常心理需求，在戀愛中只付出愛，卻很少接受愛，甚至刻意逃避對方的愛。如此一來，他們就使對方長期處於一種「只能接受愛，無法付出愛」的尷尬處境。這會讓對方無法把自己的愛意和深情投注到愛的對象上，最終導致這段戀愛無法深入發展，甚至破裂。

「被愛無能」的人，實際上就是無法讓別人對自己愛得更多，不允許別人比自己愛得更多。這樣的結果可想而知，對方真的就漸漸地不再愛你了。

頗具諷刺意味的是，「被愛無能」的人本身卻意識不到這一切其實是自作自受。

「被愛無能」的人，在生活中的典型表現還有不敢麻煩別人，不敢表達自己的需求，以及不敢向別人索要什麼。

前面提到的來訪者小菁，她在生活中的其他關係裡，與她在親密關係裡的狀態是差不多的：自己總是在為別人提供幫助，卻從來不敢麻煩別人，也很少提出自己的需求，更不用說向別人索求什麼。

在職場，小菁除了做好自己分內的事情，還總是做很多原本不屬於她工作範疇內的事情。因此，雖然她的年齡不大，但大家都管她叫菁姐，因為只要大家有事需要幫忙，她總是隨叫隨到，真的像一個任勞任怨的大姐。然而，每當她自己遇到麻煩時，她卻很難開口去尋求別人的幫助，無論遇到什麼問題，都自己解決，以致工作壓力越來越大。

小菁來找我做諮商的時候，似乎已經處於情緒崩潰的邊緣。

我問她：「你看上去在生活和工作中人緣都很好，為什麼會讓自己有這麼大的壓力？難道你從來不向周圍的人傾訴自己的壓力和困難嗎？」

小菁表示，她很害怕自己麻煩到別人，而且也沒有什麼可以傾訴的朋友。她跟朋友之間的關係基本都是自己單向付出的關係，因為她不知道如何表達內心的需求。

可是，每個人在遇到困難、面對壓力的時候，都想得到別人的安慰。小菁每週來找我做一次諮商，只是為了能有個人聽她哭一會兒。因為向我支付了諮商費，所以她心裡沒有那種麻煩別人的不安和歉意。

我很心疼小菁。在她的眼裡，這個世界似乎到處都是需要她為之付出的對象，卻忘了自己也需要別人的付出。她不敢相信自己值得別人為自己付出，因此便無法心安理得地接受那些為自己付出的人。

因為在小菁小的時候，沒有人為她付出過，她一直都在「被要求」：要懂事，要讓父母開心，要滿足父母的期待。如果她達不到父母的要求，就會遭受嫌棄與指責。小菁的父母從來沒有嘗試過滿足自己女兒的要求，也從未意識到女兒其實也有自己的需求。似乎從小菁出生那一天起，她就不是一個孩子，而是一個需要滿足父母期待的「保姆」，不應該有自己的需求。一旦小菁有需求，就意味著要麻煩別人，這不僅不會得到滿足，還會引發父母的厭惡。

很多像小菁一樣「被愛無能」的人，從小就在被要求「懂事」、「乖巧」、「不給父母和別人添麻煩」中度過，他們早就忘了自己原本也有需求，忘了自己也有需要別人滿足自身內心要求的權利、值得別人滿足自身內心要求的價值。

所以，當有人為他們付出愛的時候，就會引發他們內心強烈的不安感。他們心裡似乎總在說：「我算什麼東西啊，值得你這樣對我？」

這大概就是早年在跟父母互動的過程中，他們一再從父母那裡得到的感受：我的需求不重要，我不應該被重視，甚至我不應該存在，更不應該給別人帶來麻煩。

一個人在小的時候如果總是被當作大人或工具對待，就會認為自己的需求不重要，甚至不應該存在。在他的意識中，唯一重要的事就是滿足別人的需求，那才是展現他自身價值的事。

他看不到自己，習慣性地忽視自己，因為他沒有被人看見、被人滿足自身需求的經驗。在潛意識裡，他覺得自己是低人一等的，因為他的所有經歷都證明：別人比自己重要，所以自己跟別人不可能是平等的關係。

通常在這種情況下，潛意識裡覺得自己低人一等的人，在早年跟父母建構的關係裡，父母是高高在上的，他們是要圍著父母轉的。他們與父母建構的關係裡從未被確立過主人翁的地位，學到的都是如何照顧人、伺候人，他們無法想像自己被人照顧、被人愛的場景，甚至認為那樣的渴望不應該屬於自己，長大後自然缺乏心安理得地向別人索取的把握。

這樣得到的結果便是：自己不愛自己，也無法讓別人愛自己，反而導致別人習慣性地忽視自己。所以，「被愛無能」的人更容易吸引自私冷漠、只知道無限索取的人。

這樣的人，真的很讓人心疼。

那麼，如何才能終結這種「被愛無能」呢？

「被愛無能」的人對自己、他人、親密關係以及對愛的理解存在很多錯誤的認知，這些錯誤的認知包括：

「我的需求不重要，我不應該滿足自己的需求，更不應該透過麻煩別人來滿足自己的需求。」

「別人的需求很重要，我的價值就在於是否盡可能地滿足了別人的需求，是否對別人有用。」

「因為維護親密關係的唯一方式是付出，所以我不能虧欠別人，不能讓別人為我付出得更多，這樣別人就不會再愛我了。」

「在任何一段關係中，我都不能做得不好，不能不滿足別人的需求，不然出了問題就是我的責任。」

「只要我滿足了別人的需求，別人就會愛我。」

一言以蔽之，「被愛無能」的人認為，在任何關係中，自己的價值在於滿足別人的需求，如果不能滿足別人的需求，就是自己做得不好，那麼自己就是無價值的、不值得被別人愛的。

所以「被愛無能」的本質就是：自己不愛自己，自己對自己愛無能。

他們因為習慣了太多的「不被愛」，所以把「不被愛」看作正常的狀態，而把「被愛」看作一種不切實際的幻想。

「被愛無能」的人在內心深處潛藏著大量的「嫌棄」與「被嫌棄」，正是因為這些「嫌棄」與「被嫌棄」，使得他們在建構親密關係時，要麼因遭到別人的嫌棄而「被分手」，要麼令自己處於嫌棄別人的痛苦裡。

他們的付出只適用於建構表面和諧的淺層關係，一旦遇到往深處發展的關係，就會觸發大量的嫌棄、恐懼情緒。因為在一段關係裡，每個人都無法迴避自己真實的需求和渴望，而這些需求和渴望曾經給「被愛無能」的人帶來過無法磨滅的創傷記憶。

「被愛無能」的人在內心深處有著深深的羞恥感。

因為羞恥感，他們不敢心安理得地接受愛，不敢理直氣壯地麻煩別人；因為羞恥感，他們習慣性地忽視自己；因為羞恥感，他們在潛意識裡覺得自己不配獲得愛。所以，在一段關係裡，他們要麼杜撰自己被別人嫌棄、拋棄的情節，要麼把這種嫌棄投射出去，杜撰嫌棄別人、拋棄別人的情節。後者正是我們說的「愛無能」。

總之，他們有共同的觀點：

「我（你）算個什麼東西啊，怎麼配被人愛？」

「要得到愛，自己得很完美才行啊。」

「要得到我的愛，你得很完美才行啊。」

想要終結自己的「被愛無能」，就需要學會處理面對自我的那種羞恥感和嫌棄的心理，告訴自己：我值得被這個世界好好對待。

電影《心靈捕手》裡，尚恩對威爾說：「躲避和不信任，是因為我們曾經被應該愛我們的人遺棄。」

但接下來尚恩使勁地搖晃著威爾的身體，大聲說：「這不是你的錯！」

所以，請把「羞恥感」和「嫌棄」扔給那些真正犯了錯的人，不要承擔原本不屬於自己的過錯。你要明白，你沒有什麼可感到羞恥的，也沒有什麼被人嫌棄的地方。

學會好好愛自己，只有這樣你才有能力接受別人的愛。

信任是一種能力，也是一種選擇

因為天性的差異，每個人都有各自的好惡。但是隨著年齡的增長，我們似乎越來越容易發現讓我們厭惡的東西，卻越來越難找到讓自己喜歡的東西。我們經常感慨生活太無趣，像圍城一樣被困其中，為了讓自己開心一些，我們就要拚盡全力。

我們越來越清楚自己不想要什麼，卻越來越難得到自己想要的東西。

想起童年自由爛漫、無拘無束的時光，我們紛紛感慨：難道成年人的世界真的意味著束縛、無聊和冰冷嗎？

成年人的世界跟孩子的世界確實不一樣，因為一個人成年的特徵就是學會對自我負責。意識到這一點，是一個人走向成熟的指標。

我發現，我們之所以感慨生活無趣，是因為過多地內化了外界的標準，並且為了達到那些看似優越的標準逐漸犧牲了自己的天性。

我們在生活中過多地使用了「排斥」規則，而不是「容納」規則。這樣做的後果就是：我們都深陷「排斥」的牢籠，處於孤獨、懷疑與冷漠之中。我們互相攀比、互相指責、互不信任，同時又追求優秀和卓越，卻讓自己的生活陷入冰冷的競爭中。

習慣使用「排斥」規則的人，容易讓自己的生活充滿壓力。因為在他們的潛意識裡，社會就是一個戰場：「我必須足夠優秀，才有在社會上立足的本錢，為此我必須不停地進取。我無法停止跟人比較，更害怕被別人比下去，那樣讓我很沒有安全感。」

這種人很難和他人建立健康和諧的關係，因為他們的自信是建立在自己比別人優越的基礎之上。或許只有在面對那些外在條件不如自己的人的時候，他們才會顯得比較自在，因為他們覺得這些人對他們的威脅比較小，不會破壞他們內心的安全感，所以他們不必緊繃防範的神經。

準確地說，他們的這種行為更像是一種施捨。

事實上，那些在潛意識裡覺得自己不夠好的人，才會過度使用這一規則，也就是覺得自己不如別人，然後在意識層面做出過度補償：「我要比你們都好。」

一個人如果在早年接受了「人有高低貴賤之分」的觀念，那麼他一定會過度追求「高」和「貴」，避免讓自己陷入「低」和「賤」之中。

一個人如果在早年處於「弱」的位置，體驗過因為自身的「弱」而帶來的無助感，那麼他在成年後就一定會避免讓自己再次處於「弱」的位置。

總之，他要「高高在上」，因為他不敢承認自己的平凡。

或許他們不會傷害任何人，但是他們卻無法信任任何人。

當他們跟別人接觸的時候，會習慣性地看到別人身上的缺點，因為他們的內心充滿了批判，而不是接納。

他們自以為善意地指出別人不足之處，卻常常引起反感。這也是很多人在人際關係中經常遇到的問題：有些人總是關注並指出別人的缺點，希望別人做出改變。

其實維護一段關係的祕訣在於讚美與信任。信任是一種能力，也是一種選擇。信任意味著當我們跟一個人接觸時會優先關注他的優點，這樣便能看到他的過人之處。我們要堅信人人都有獨一無二的價值。

信任別人就是信任自己，我們要相信自己足夠好，不需要拚命抓住很多虛幻之物來裝飾自己，只需要腳踏實地地往前走。

我們不害怕被打敗，不害怕出洋相，更不害怕別人看不起自己。當我們覺得自己在某些方面做得不夠好的時候，我們可以努力提升自己的能力，而不是拚命維護自己。

當我們把自我看作一個一成不變的僵化之物，而不是一個需要成長的生命時，我們的發展就會受限。

催眠大師史蒂芬・紀立根說：「不要像握著一把劍一樣地握著你的生命，而要像握著一隻鳥一樣。」

有人會說：「不是我不想信任別人，是因為這個世界太亂了，讓我不敢信任任何人。」

接下來我們談一下什麼是成熟的信任觀。

首先，信任是一種選擇，你選擇信任別人，但不能要求別人一定回饋給你同等的信任。

當你的信任得不到回饋時，你是不是會從此放棄信任別人？

很多時候，我們對別人的不信任感就是這麼建立起來的：

一次創傷，終生恐懼。

比如曾經在戀愛中受傷，從此以後就不再相信愛情；曾經遭遇過一次背叛，就覺得自己終生不能幸福；曾經遭遇過一次失敗，就終生不敢再次挑戰人生。這些都是我們常犯的錯誤。

其次，信任別人成全的是自己。

透過信任別人，你將自己從恐懼的牢籠裡解救了出來。

因為你選擇了信任，所以你遇見美好的機率就會大大增加。

最後，表達你的正向渴望。

簡單講就是：「我覺得你辦得到，我信任你。」、「我渴望……」

評判和糾正別人，在本質上都是不信任別人的表現，並且是一種不尊重別人的表現。當你能夠表達自己的正向渴望時，別人就容易感受到你的信任，和你建立和諧的關係。

看得見的是自卑，看不見的是關係

如果讓我列舉當代人的心靈頑疾，自卑絕對排第一位。應該說，每個人的內心或多或少都存在著一定的自卑心理，也就是自我感覺不太良好，總覺得自己有問題，害怕別人評價自己。

在很多人的認知裡，自卑可能是因為自己不夠優秀，所以他們拚命地提升自己各方面的能力，試圖讓自己變得優秀，從而擺脫自卑。

然而經過一番努力後，依然於事無補，有的人甚至越努力越自卑。

問題究竟出在哪裡？

從心理學上講，一個人是否自卑，跟他的優秀程度沒有關係，而是和他早年的親子關係有很大關係。也就是說，如果父母一直用一種完美的、不斷升級的標準來要求孩子，不接納孩子的天性，就會導致孩子對自己感到不滿。因為孩子無論如何都達不到父母的要求，即使得到一些成績，父母也總是視而不見。

從小生活在這種環境中的孩子，內心只會感到痛苦。這些父母天真地以為，只要對孩子不斷批評和督促，孩子就會獲得進步，最終成為符合自己期待與要求的「完美的孩子」。

奇怪的是，很多我們推崇的道理，在實際生活中卻被忽略了，比如「己所不欲，勿施於人」。很多父母明明自己曾經的學習成績不好，卻不允許自己的孩子學習成績不好。他們把孩子當成自己人生的拯救者，當自己的夢想破滅後，就不停地去要求孩子，期待在孩子身上實現當初的夢想。

在有關情感關係的問題上，有個名詞叫「因愛之名」。這個詞不僅僅適用於愛情，也適用於親情。

一個在早年不良的親子關係環境中長大的孩子，成年後很難接納真實的自己。在他小時候父母總是盯著他的缺點，看不到他的優點，他長大後就會拚命盯著自己的缺點，經常攻擊自己，覺得自己特別不堪；在他小時候父母總是盯著別人家小孩的優點，拿別人家小孩的優點跟他的缺點對比，讓他感覺相形見絀，他長大後也會不自覺地盯著別人，用別人的優點衡量自己的缺點，使自己陷入自卑的處境，無法自拔。

因此，一個人的自卑並不是能力問題，它源於早年形成、成年繼承的強迫型「虐待」關係。小的時候，父母的不良教育模式導致了「虐待」型的親子關係；長大後，我們主動替代父母，繼續過這種「自我虐待」的生活。

我們總是把自卑歸結為自己的能力問題，但是它在本質上是關係問題、是世界觀的問題。

為什麼說自卑是世界觀的問題？

因為長久以來，我們太喜歡用別人的標準來定義自己了。所謂「別人的標準」，就是指集體的標準。這就導致我們很難接納真實的自己，漸漸地，我們對真實的自己不屑一顧，反而一味地追求集體的認可。

一個人要想真正擺脫自卑，首先要改變的不是自己，而是自己看待自己的方式，以及搞清楚自己跟這個世界的關係。

你用肉眼看到的是自己的自卑，但在這背後，需要你用心看到的卻是千絲萬縷的關係。

「應該」：一座自我設限的牢籠

我的一位來訪者說，儘管他的物質生活條件很好，但他仍覺得自己的生活品質很差，每天過得沒有意思，生活死氣沉沉的。

在諮商的過程中，他會反覆提到他的個人資產和收入，也只有在這個時候，他會顯得比較「快樂」。每次聊完他光彩的成就，當進入別的話題時，他就立刻陷入一種萎靡不振的狀態。

「然而，這一切有什麼用?我還是很不快樂。」

與別人的憂鬱情緒不同，他的憂鬱情緒裡夾雜著很多憤怒的情緒。

「我想我能理解你的心情。你覺得這個世界似乎欠了你很多，所以這讓你感到很憤怒嗎？」

「難道不是嗎?!我這麼努力地工作，但是生活並沒有給我想要的回報，我沒有碰到一個情投意合的愛人，也沒有過著自己想要的生活。」

「你覺得你努力工作，已經成為有錢人，生活就應該及時有所回饋——情投意合的愛人、舒適愜意的生活？」

「難道不應該是這樣的嗎？」

另一位來訪者是一位長相漂亮、才華出眾的女孩。

她遲遲不談戀愛，原因是沒有人符合她想像中的男朋友的樣子。她感覺非常委屈，有時又非常憤怒，還時常哀嘆自己命苦。

我問她：「你覺得男朋友應該怎麼對你？」

「我的男朋友應該懂得欣賞我的優點。」

「你希望男朋友把你當『女神』對待？」

被我這麼一問，她感覺有點不好意思了。

實際上，她也確實稱得上「女神」級別，身高一七〇、在海外留學、高顏值，自己開了一家公司，家境良好。

問題就在於她似乎太把自己當「女神」了，和她有過短暫的接觸後，我便能透過她的言行舉止認定：生活中的她一定是無論走到哪裡都擺出一副高冷的樣子，然後等待周圍的人去膜拜自己。她有時感到非常憤怒，因為別人並沒有像她想像中的那樣對待她。

我問她：「你有沒有想過周圍人的感受？」

經過她的同意後，我試著在她面前扮演了一下她在生活中的樣子。她看完我的「表演」後禁不住笑了起來。

她說：「你的意思是，我是個白痴？」

「不是。但你剛才說話的語氣似乎不像『女神』了，我感覺你離真實的自己更近了一些。」

她很聰明，立即有所領悟：「難道因為我平時太愛擺架子，所以大家都不喜歡我？」

「如果『女神』這個標籤不能讓你感到快樂的話，你為什麼還要死死抓住它？你如果把自己活成一個僵化的角色，就讓自己在別人面前成了一個木偶。」

在生活中，有太多想把自己活成「女神」的人，她們總是把自己在身分、收入、頭銜等方面的優勢當作資本，期待別人會對自己「頂禮膜拜」。

在商業活動中，或許這種策略還有點用處，但是在親密關係或者正常的人際交往中，假如你四處以「資本」示人，只會讓人覺得無法了解真實的你，從而很難跟你建立良好的關係。

別人需要的是一個愛人或者一個有血有肉的朋友，不是一個故作高冷的「女神」、高高在上的「精英」。

事實上，每個人的思維裡都有很多自己意識不到的「應該」，不經意間就被這些「應該」綁架了。

「應該」思維來源於我們早年被灌輸的某些價值觀或者我們在成長過程中得到的某些經驗。這種「應該」思維有時對我們有著積極的意義，但更多的是限制了我們的生活。

我在前文中舉的兩個例子，都反映了所謂成功人士被「應該」思維所限制的問題。他們因為實現了某種世俗意義上的成功，就想當然地對世界和他人有了很多「應該」的要求，結果卻讓他們大失所望，所以覺得這個世界很不公平。這是因為自身的驕傲而產生的對周圍事物的不接納，進而導致自己痛苦。

還有的人是因為沒有達到自我要求或標準，而產生另外一種不接納：對自我的不接納。他們往往在追求成功的道路上遇到了障礙，暫時沒有達成目標，因此陷入深深的羞恥感之中，進而發展為嚴重的自我批判行為。

沒有得到過父母無條件關愛和接納的孩子，不知道愛是什麼，真實又是什麼，他們更不相信愛和真實。因為父母在他們小時候看重他們的成績多過他們本身，所以他們長大後也喜歡用一些功利的符號去跟外界建立連結。就像下雨的時候，他們感受不到雨天的美，只能想到下雨可能會給自己帶來的損失。

結果當然是痛苦的，因為他們無法展示真實的自己，總是感到不踏實。

「應該」思維是我們在頭腦中自以為是地發展出來，我們還根據這種思維去限制自己、限制別人。我們總是要求自己和世界先符合這種思維，而不是先去感知這個世界。我們無法放下評判、放下成見地去審視自己和別人。

賈伯斯說：「Stay hungry, stay foolish.」這句話翻譯過來是：「保持一無所有，保持一無所知。」為什麼要保持一無所有、一無所知呢？因為我們對「有」和「知」不加警惕，就會被它們誤導，從而迷失自己，陷入一層層妄念中，最終背離真實的生活。

在心理學上，我們之所以探討原生家庭、探討一個人的成長史，是因為人是經驗的奴隸，每個人都容易活在自己過去的經驗裡，而且把這些經驗當法寶，早已被這些經驗困住，自己卻渾然不覺。

賈伯斯的這句名言是在告誡我們，一定要警惕自己所謂的「經驗」，讓自己退回到一種一無所有、一無所知的狀態後再去審視一切，保持初心。

我們太習慣於用成長中的得失來定義自己，有時把成功者當成自己，有時把失敗者當成自己。實際上，所有這些都不是真實的自己。真實的自己就是一個一無所有、一無所知的人。因為一無所有、一無所知，所以你無懼失去。也因為最終必將一無所有、一無所知，所以你也不會對「有」和「知」懷有強烈的執念。

生活中，「應該」思維會給我們製造很多憤怒和怨恨。當你總是處在憤怒和怨恨的情緒中時，不妨先停下來，聽聽內心的聲音，然後問問自己：

「你在要求自己做什麼？」

「你在要求別人做什麼？」

「你為什麼會有這種要求？」

「如果你的要求沒有得到滿足，你就會失去什麼？」

每個人都期待世事如我所願，但那僅僅是期待而已，它不是世界運轉的規律。當世界沒有按照你的期待運轉時，你需要做的就是放下內心要求的那些框框條條，以一種好奇的心態走向自己、走向他人、走向這個世界。

放下「應該」，讓感受流動。

生活不是戰場，而是一段時光

你是不是經常感覺自己身體僵硬、情緒焦慮、身心無法放鬆？

如果你回答「是」，那麼你可能陷入了一種瀰漫性的緊張狀態。

在一些情境中，我們能夠意識到自己的緊張情緒，比如見一個陌生人、剛畢業開始工作、面對一次重要的考試、當眾發言、沒能完成一項很重要的工作……。

在這些情境中我們之所以能意識到自己的緊張情緒，是因為往往此時我們的身體會有明顯的緊張反應：心跳加速、出汗、臉紅、顫抖、說話沒有把握等。

在另外一些情境中，我們意識不到自己的緊張情緒，但身心緊繃，也處於一種焦慮狀態。這些情境常常出現在社交場合或者在我們獨處的時候，那種緊張的感覺就像一種瀰漫性的背景，構成了我們生活的基調。

有時我們會說：「某某是一個容易想太多、精神緊張的人。」、「某某有焦慮型人格障礙。」、「某某總是多愁善感，一旦有點事就睡不好覺。」

其實，比起那些顯著的緊張情緒，這種瀰漫性日常生活常態的緊張情緒對我們的傷害可能更大。因為它不容易引起我們的重視，經常被我們當成一種性格特徵而忽略掉，或者我們根本意識不到自己是個容易緊張的人，除非有人提醒你：你的臉部肌肉很僵硬，你其實一直沒放鬆。

這種被習慣性忽視的隱性緊張情緒，很難被我們發現和糾正，它使我們戰戰兢兢，無法放鬆地展現自己的能力，也無法享受生活的快樂。

為什麼我們總是很緊張？

之所以會緊張，有一小部分原因與人類先天的氣質類型有關，也就是和神經類型有關。

比如屬於憂鬱氣質類型的人，其神經類型為弱型、不平衡型，所以當遇到外界刺激的時候，他們因為神經的調節能力偏弱，因此抗刺激的能力也就偏弱。為了避免外界刺激對自己造成過強的衝擊，他們會相應地展現出保護自己的姿態，變得極為敏感，草木皆兵。

但除了先天的因素，更多是由後天因素造成的。

（1）互相攻擊的家庭氛圍

托爾斯泰說：「幸福的家庭都是相似的，不幸的家庭各有各的不幸。」有一種不幸的家庭，就是互相攻擊型的家庭。

在這樣的家庭裡，家庭成員養成了一種相互找對方的缺點、找對方的碴，以獲取自身力量的奇葩相處方式。

起初可能只是夫妻間的相互不滿、相互貶低、相互攻擊，做彼此的糾察，從來不誇獎對方。後來有了孩子，這種相處方式就蔓延到父母與孩子的相處中。

也有可能在這種家庭中，夫妻間不存在相互貶低，但孩子總是成為被貶低、被攻擊的對象。語言暴力紛飛，讓孩子時刻處於一種心驚膽戰的狀態。

更嚴重的問題是，日復一日地生活在這樣的家庭裡，一個人是很難放鬆的，因為不知道什麼時候就可能觸碰某個「地雷」，或者哪裡炸響一個「炮彈」，所以他得時刻保持高度的警惕性。

很多孩子從小就處於神經衰弱、頭痛緊張的狀態，去看醫生，往往也得不到一個明確的檢查結果。

我建議有這種症狀的孩子家長，先審視一下你們為孩子架構的家庭環境。它是不是一種放鬆的環境，孩子能夠在其中自由自在地釋放天性？很有可能孩子神經衰弱、頭痛緊張，就是由你們過於緊張壓抑的家庭環境導致的。

（2）情緒不穩定、脾氣暴躁的父母

這類父母總是喜怒無常，情緒就像雲霄飛車。對於孩子來說，他們營造的家庭氛圍是不容易適應的瞬息萬變的環境。

在瞬息萬變的環境裡長大，就必須時刻保持警惕——這是每個生物生存的本能。所以在這種環境中成長的孩子總是提心吊膽，時刻保持警惕，自然就容易緊張。

（3）規矩比人重要的家庭

有的家庭很奇怪，給孩子定的規矩超級多：大到孩子的考試成績，小到在沙發上坐著的姿勢，應該穿什麼鞋子、衣服，等等。

事實上，你會發現，這種家庭裡的父母本身就充滿了攻擊性。所謂規矩，不過是他們釋放自己攻擊性的一個藉口。

這些父母通常有著嚴厲的超我，他們在家庭生活中扮演的角色往往更像警察，而不是父母。

孩子生活在這樣的家庭氛圍裡，一定是壓抑的、無法放鬆的。他們必須時刻遵照規矩去生活，而不是自由輕鬆地生活。這樣的孩子長大後容易變得嚴肅、不放鬆，時刻表現得戰戰兢兢，因為擔心自己和規矩發生衝突。

（4）缺乏安全感的孩子

一個人缺乏安全感的因素有很多，可能早年有過分離創傷，也可能遭遇過霸凌，還可能因為父母感情不和。

沒有安全感的人，通常很難放鬆。

我曾經見過一個極度缺乏安全感的人。他每天只睡兩三個小時的覺，抽很多的煙。他已陷入如此緊繃的狀態，可想而知，他的生活品質一定很差。

（5）自我評價過低的人

自我評價過低的人，其緊張情緒是比較明顯的，因為這通常跟他的自卑心理有關。他總覺得自己差，更擔心別人發現自己的缺點，因此焦慮、敏感，無法放鬆。毫不誇張地說，緊張已經成為很多人的一種生活狀態。

有一個方法可以很好地幫我們檢查自己是否存在隱性的緊張情緒。

自問：在大部分獨處的時間裡，你允許自己悠閒放鬆嗎？還是總是感到焦慮，然後進行自我批判？

很多人的回答恐怕是：很難放鬆。

那麼，容易緊張的人，尤其是容易產生隱性緊張情緒的人，他們的內心到底是怎樣想的？

（1）自我批判比較多

這來源於要求嚴苛的父母和規矩太多的家庭。

自我批判比較多的人，通常自我要求會非常高，他們的心裡彷彿住著一個警察，時刻在監督著自己的一舉一動，一旦發現自己沒有達到標準，就馬上實施懲罰。

一個自我要求很苛刻的人的內心就像一座戰場，時刻在發生著戰爭。

如果將人的內心比喻為一個家的話，這樣的人沒辦法為自己營造一種舒適的內心氛圍，總是把內心的家當作審判場、斷頭台，時刻揮舞著手中的大刀和鐵鎚。

（2）對外界的不信任感很強

容易緊張的人很難真心依賴別人，他們要麼讓自己蜷縮成一團，要麼表現得很強勢，但這兩種做法都無法讓他們與別人建構和諧放鬆的關係。

他們對人際關係的理解往往是強與弱的關係、征服與被征服的關係，而不是相互依賴的關係。

他們還習慣對客觀環境進行負面推測。

比如一些人在進入一個新的場合或者和一個陌生人見面時，總是容易緊張，因為他們最初對客觀環境的基本假設都是負面的，認為別人都是不喜歡自己的。這些一閃而過的假設，往往來源於他們很久以前的經歷。時至今日，這些經歷依然左右著他們的行為。

更有甚者會對人群充滿恐懼或敵意，將自己封閉起來。他們對內壓抑自己的需求，像一個內壓過高的密閉瓶子，隨時都有爆炸的危險。

（3）容易焦慮

有的人在生活中總是像熱鍋上的螞蟻一樣，沒辦法讓自己靜下來。他們心浮氣躁、坐立不安，總覺得自己的狀態不夠好，總覺得還有很多未完成的事。

處於焦慮狀態中的人，本身的生活節奏是被破壞的。

每個人天生都有可以跟人或事物建立深層關係的能力，可他們卻丟失了這種能力，只能跟人或事物建立淺層關係。

通常情況下，這樣的人做事都比較功利，也就是把自己工具化了，比如：

整天都在念書，但其實他根本不愛念書；

整天都在相親，但其實他尋找的根本不是愛情，僅僅是一個適合結婚的人；

整天都在加班，但其實他並不熱愛工作，拚命工作只是為了賺錢。這些人為了一個個的「社會目標」而忙碌，但內心總是惶惶不安。

如果一個人對自己和社會缺乏足夠的認識，就容易把自己完全功利化、工具化。在當今社會，很多人之所以走在焦慮、憂鬱的邊緣，就是因為他們過度地把自己市場化了，按照市場價格對自己進行著一次次的販售。

他們低估了自己的潛力，過於認同外界貼在自己身上的價格標籤。每個人都是無價的，只有充分地尊重自己、了解自己，去發展自己的興趣，去愛真正值得愛的人，才能跟這個世界建立深度連結，活得從容踏實。

（4）過度地控制自己

很多人在按照「應該」的法則活著。所謂「應該」，就是指早年內化的關於外界的規矩。比如，每天應該完成多少計畫，每天應該寫幾篇文章，不應該貪玩，不應該浪費時間，等等。

生活在「應該」法則裡的人，管理自己時就像管理一個勞工。

那麼，如何緩解甚至擺脫自己的緊張情緒呢？

你需要明白一點：生活不是戰場，而是一段時光。

（1）停止自我批判，學會享受生活

很多人對生活有著雪海深仇的認知，曲解了吃苦的涵義。他們為了獲得成績、活得幸福，從來都不敢讓自己過得輕鬆快樂。

請停止自我批判吧，因為你只有讓自己過得輕鬆舒服了，才能真正找到自己喜歡做的事，從而取得成功、收穫幸福。

（2）嘗試信任別人，在依賴中柔軟下來

很多容易緊張的人攻擊性都很強，因為他們不擅長與人合作，很難信任別人。

事實上，他們需要做的是嘗試去信任別人，而不是攻擊、打壓別人；學會依賴別人，而不是過度保護自己脆弱的一面。

當他們與別人建立起彼此依賴的關係時，他們就會放鬆下來，那麼他們的脆弱就有了安放之地，就不會再那麼緊張和恐懼了。

（3）減少對自己的控制，扔掉不必要的「應該」法則

處處按照「應該」法則生活的人，容易把真實的自己搞丟，從而變得六神無主，惶惶不可終日。

一個人只有不刻意地控制自己，才會有放鬆的時刻。

所以，學會讓自己慢下來，跟世界建立深度的連結吧，那樣你才能找到自己的安身立命之所。

願你好好享受生活，多傾聽自己內心的聲音，尊重自己，盡量放鬆下來。

Part 3
最好的關係，是親近地保持距離

請停止向外界尋找「守護神」的幻想行為，學會對自己負責。無論外界環境如何，你首先要討好的都是你自己。

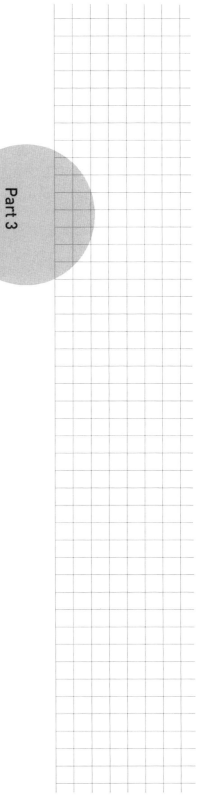

為什麼你總是建構彆扭的關係

上小學的時候，我的一個數學老師特別喜歡鬧我到哭。每次上課時，他總要叫我起來，讓我回答一些莫名其妙的問題，然後看著我張口結舌回答不上來的樣子，再對我進行一番調侃，直到我哭起來。

總而言之，這個老師發現了我愛哭的特點，因此每次上課都要把我逗哭。每當我哭的時候，他會像惡作劇成功了一樣，興奮地大叫：「看！看！某某又哭了！又哭了！」然後全班同學哄堂大笑，我站在那裡感覺異常尷尬、異常難過。

長大之後，在跟我的諮商師梳理自己這部分經歷的時候，我發現自己很難描述清楚這段經歷到底給我造成了什麼樣的影響。

當然，這件事對我是有一些傷害的，因為當時那位老師的行為使我感到深深的自卑，讓我覺得自己是一個不夠好的學生。

我會想：為什麼別人都不愛哭，為什麼只有我這麼愛哭呢？而且我一度以為那位老師是不喜歡我的。

有一段時間，我感覺自己非常厭惡他，但又不確定是不是真的厭惡他。不確定的原因是：我發現那位老師私底下其實非常真誠地在關心我，後來不論是我考上大學，還是在工作中有一些成績，他都引以為傲。

當然還有一個原因，他是我媽的同事。我媽說他是個外冷內熱的人，只是性格有點古怪。

直到現在我才搞明白他當時為什麼會那樣對我。因為他很喜歡童年的我，很想跟我親近。可是對於一個「性格古怪」的人來說，他表達喜歡的方式，大概就是將對方置於一種尷尬的處境，最好是讓對方「哇」的一聲哭出來。

這很像青春期男生的作風，覺得一個人有趣、可愛，就會用破壞性的搗蛋方式來表達自己的喜歡。

然而，這種方式當時真的讓我感到反感、恐懼。

後來，我想那位老師之所以在學校裡跟同事們的關係相處得都不是很好，恐怕很大一部分原因就在於他的表達方式常常讓人難以理解，以致產生了很多負面的效果。

有幾位來訪者在找我做諮商的過程中，都提到了自己在生活中和別人的彆扭關係。有的來訪者是跟老闆關係彆扭，工作中總是跟老闆叫囂、作對。有的來訪者則是跟自己的老師、健身教練、室友等關係彆扭。

在分析這些彆扭的關係時，無一例外，當事人都沒有意識到自己在這些關係中的真實需求。

比如那位總是跟老闆叫囂的來訪者，他可能沒有意識到自己在潛意識裡對老闆有很多期待：期待對方重視自己，期待對方喜歡自己，甚至期待對方獨寵自己。

當他發現老闆沒有像他預想的那樣對待他時，就會非常憤怒，於是採用「對老闆不滿」、「跟老闆對著幹」的方式來表達自己的失望。尤其是當老闆重視別的員工、喜歡別的員工時，他的不滿就會加劇，於是會用更加激烈的方式表達「我渴望被重視」的想法。

這跟戀愛中的人爭風吃醋的行為有點相似。總之，他之所以這麼做，就是因為渴望得到老闆的重視和喜歡。他意識不到的問題是：如此在乎老闆的重視和喜歡，會導致自己只會去關注老闆的做法公平不公平、老闆是否看得起自己。

他覺得自己是因為老闆做事不公平，所以才跟老闆鬧彆扭的，卻意識不到這正是自己對老闆有很強烈的需求和期待，而又不願意正視這種需求和期待，最終導致了他與老闆的關係變得彆扭。

總之，我跟你鬧彆扭是因為我對你有需求，渴望你在乎我、重視我，可是你沒有這麼做，甚至都看不見我的需求，所以我要反對你、攻擊你。

那位來訪者還說：「儘管我反對他、攻擊他，可我內心還是希望他可以包容我。」

結果可想而知，即使你的老闆情商再高，為人再大度，你這樣的做法也只會招致他的反感。慢慢地，老闆就會真的對你有意見，真的開始厭惡你了。最後你們之間的關係就有可能發生斷裂。

那位和健身教練關係彆扭的來訪者，起初也是希望健身教練能夠在乎自己、重視自己。可僅僅因為健身教練一些無心的舉動，她就覺得健身教練不在乎自己，於是在訓練的時候故意手腳不協調，無論健身教練怎麼教，她都假裝學不會。

這便是一種無意識的報復行為，她是在表達對健身教練的不滿，只不過她既沒有意識到自己有多麼在乎對方，也沒有意識到自己的憤怒情緒。

當自己的需求被意識所壓抑，最終導致她和健身教練的關係變得彆扭。她習慣用不在乎甚至迴避的方式來處理自己跟健身教練的關係，卻不知道潛意識早就出賣了她。

正視自己的需求，是一種正義。

小的時候，我總是因為性格害羞、經常逃避社交場合而被家人批評。

我媽喜歡性格開朗大方的孩子，因此十分討厭我扭扭捏捏的樣子。從我很小的時候起，她就在不停地數落我，還經常發動家裡人一起數落我。這導致的後果是：在很長一段時間裡，我都在刻意迴避跟人打交道，變得縮手縮腳。

長大後接觸到心理學，我就在想究竟什麼叫大方？

後來我終於有了自己的理解：大方，就是對於自身需求毫無羞恥感地確定和自信。

回想起來，我小時候之所以靦腆害羞，是因為我生長的環境並沒有給我這種對於自身認可的確定感。相反，我媽總是在向我傳遞一種訊息：你不夠好，你不如別人家的小孩。因為我媽總是在表達她對我如何不滿，以及我是一個如何糟糕的小孩。

當一個人不能確定自己到底夠不夠好的時候，就沒法做到大方，因為他的內心對自己的存在充滿羞恥感。

一個內心充滿羞恥感的人如何能光明磊落、堂堂正正地表達自己的需求呢？或許，他從來沒有得到一個機會或者空間去正視自己的需求。

不被支持和認可的人很難有把握去面對自己的需求，更不可能把它大方地表達出來。這時候，我們的潛意識就會用很多變形、偽裝的方式替我們表達自己的需求。比如，用指責以及表示不滿的方式來表達自己渴望被認可、被重視的需求。很多人之所以都擅長使用這種方式，是因為在萬千變形、偽裝的方式中，這可能是對自己最無害而且收穫最大的一種方式。

一方面，透過指責別人、貶低別人，既會讓自己體驗到「我優於別人」、「我沒有錯」的優越感和清白感，又可以避免自戀受損。另一方面，透過指責別人、貶低別人，還可以把自己因為期望落空而帶來的壓力轉嫁到別人身上，讓自己感到輕鬆。

很多父母都是這方面的高手。

比如，有的父母放棄追求自己的事業，千方百計地想讓自己的孩子成功。他們關注著孩子的一舉一動，把所有的精力都用來培養孩子。他們的口頭禪就是：「我這麼操勞，不都是為了你嗎？」、「為了你，我不惜放棄了自己的事業！」

孩子們被道德綁架了，面對「必須成功」的信念，他們後退不得。有時他們也會覺得自己和父母的關係有些彆扭，但是很難說出來哪裡彆扭。很多孩子在潛意識裡可能就缺乏做事的動力，因此會無意識地透過把一件事情搞砸的方式，來表達自己對於這種道德綁架的憤怒。

很多父母把自己的人生期望寄託在孩子身上，讓孩子來滿足自己的需求，是因為他們空有對成功的幻想，卻不願意承認追求成功會遇到很多挫折，有時努力追求了也可能不會如願。

他們不願自己的自戀受損，於是「綁架」了孩子。他們似乎什麼都不用負責，只管提要求就好了。這樣的人發展到極端就會產生自戀型人格障礙：無法正視自己，對自己有無限誇大的認知。但是保持這種自我認知，需要透過否定外界、貶低他人才能實現，因此他們無法跟別人建立一種平等的關係，而只能建立充滿剝削感、操控感的關係。

如果他們能夠懂得，他們的自戀正是源於自己深入骨髓的自卑，或許就有希望走出泥淖，而不至於成為一個人人避之不及的人格障礙患者。

回想起來，從我學會正視自己的需求開始，我就變得不那麼害羞、扭捏了。
正視我媽當年說的那些話給我造成的影響。
正視我有多麼需要別人的讚美和認可。
正視我的現實條件，包括我的身高、長相、性格，以及能力。
正視我對成功與金錢的渴望。
正視我有世俗的一面，而不是否認它。
正視我的擔心、我的恐懼。

曾經我之所以害羞、扭捏，是因為我的家人在表達自己的需求上有很大困難。比如我媽，她希望我給她爭光，以補償她人際交往能力的缺陷。但她不願正視這一點，就給我的行為貼上很多標籤，把她在人際關係中產生的焦慮轉嫁到我身上。

當我確信自己原來一點問題都沒有時，我就可以大方地表達我自己的需求了。誰天生是害羞、扭捏的呢?不過是遭遇過無數次否定，不得已選擇透過退縮進行自我保護罷了。

我們需要別人的認可、接納、重視以及讚美，這是根植於所有人內心深處的渴望。所有的生命都渴望被看見，如果在實現過程中總是受阻，一個人就會在潛意識裡透過一些偽裝、變形的方式去變相地滿足自己，比如用恨來表達愛，用不滿來表達親近。

當你建構了一種彆扭的關係時，請先進行自我審視，看看問題是不是出在自己身上。如果是自己的問題，請把自己內心的真實想法理順，這樣外在的關係自然也就順了。

我們活成了巨人，卻同時深陷「孤島」

不知道從何時起，我們每個人好像都變得越來越獨立了。

也許是因為聽過太多「人生只能靠自己」之類的道理，於是，我們致力於提升自己的「安全裝備」，並且一再地增加鞏固「安全」的技能。

總之，我們變得越來越堅強、越來越獨立，但同時也變得越來越累、越來越寂寞。我們的物質生活水平躍升，但內心卻好像越來越沒有歸屬感，很難感受到快樂。

獨立，正是現代人的一種「通病」，一種防止自己脆弱的「病」，一種全方位控制自己人生的「病」。

獨立之所以這麼受推崇，是因為在當下的環境中很多人都把獨立等同於強大。我們推崇強大，是因為社會環境有「反脆弱」的傾向。

每個時代都有自己的主流文化，那些被主流文化所抗拒的、排斥的，就容易被劃入「羞恥」的範疇。在一個主流文化為「推崇強大」的社會環境裡，弱者因為自身的弱小，內心會自帶羞恥感。這種羞恥感使得弱者只允許自己強大，不允許自己脆弱。

遺憾的是，脆弱本是人性中真實存在的一部分。

當我們不敢表達自己的脆弱，認為脆弱是一種帶有羞恥成分的特質時，我們就再也不敢展示、暴露自己的脆弱，而是選擇將自己的這部分「缺點」嚴嚴實實地藏好，以免被人恥笑。

壓抑自己的脆弱，並且過度地發展這種壓抑脆弱的能力，就會讓人變得越來越獨立，同時也會讓人失去依賴別人的能力。

在曾經熱播的電視劇《我的前半生》中，演員袁泉飾演的唐晶這個角色有非常強的獨立性，但內心卻非常脆弱。為了掩飾自己的脆弱，她在親密關係中一直不敢依賴對方。唐晶的男友賀涵，也是一個獨立性很強、喜歡用征服和控制對方展現自己能力的人。唐晶從不暴露自己的脆弱，因此賀涵也就發現不了她脆弱的一面，最終導致的結果就是：兩人戀愛多年，最終還是沒能修成正果——締結一段可以彼此信任和分享脆弱的親密關係。

如今，無數個「唐晶」和「賀涵」正在被催生出來，他們的個人能力越來越強，他們的親密關係卻越來越脆弱。

單槍匹馬工作的時候我們是英雄，但在經營兩性關係的時候我們卻表現得一塌糊塗。

事實上，每個人都有脆弱的一面，過分地反脆弱容易導致我們內心封閉。一個人如果不敢展現自己脆弱的一面，久而久之，就會讓脆弱變成一塊沉甸甸的石頭拖著你，使你根本跑不起來。

不敢展現脆弱的人，通常擁有很強的防衛能力，也就是很強的自尊心。而自尊心的另一面其實就是玻璃心，自尊心和玻璃心都是因避免自己受傷害而衍生出來的。我們因為體驗過處於弱勢時的那種羞恥的滋味，所以一再提醒自己不能再次陷入曾經的處境。

如此一來，個體就需要分散一部分精力用於保護自己的脆弱，即維護自己的自尊。

一個人之所以不敢展現自己脆弱的一面，可能是因為存在以下幾個問題：

（1）社會因素

我們都在努力讓自己變得強大，因為這個社會推崇強大。大部分人不敢輕易示弱，雖然他們外在條件優越，卻活得極不真實。

他們本以為生活就是追求自我的優秀和強大，可當他們努力活成了自己以為自己想要的樣子時，卻發現自己並不幸福。

幸福意味著要接受真實的自己。

如果一個人只能接受自己是強大的、優秀的，那麼他僅僅是活在自己的優越感裡，一旦失去這種優越感，他的生活就會變得岌岌可危。

很多人拚命地追求優越感，拚命地讓自己變得更優秀，卻把真實的自己搞得奄奄一息。

因此，我們越早從追求優越感的幻想裡醒過來，就越早能讓自己活得真實、自由。

（2）世代因素

或許受到長輩傳統思想的影響，所以我們對獨立性的渴望才如此高漲。一九八〇、九〇後出生的特別熱衷於追求獨立，對他們來說，獨立意味著「酷」，意味著「有個性」。

過度地尋求個人獨立和內心強大，難免會讓我們的內心走向孤獨。

（3）家庭因素

每一個家庭都是社會規範有力的執行者。在教育孩子時，如果父母一味地強調孩子不能脆弱、必須強大，那麼孩子就會壓抑自己脆弱的一面。孩子長大後，可能因為無法感知到自己的脆弱，所以總是展現自己強大的一面。結果他也感知不到別人的脆弱，從而不能給心愛的人更多的呵護。如此一來，他在建構的人際關係中也會充滿控制感，缺少溫情和體貼、平等和接納，因此他建構的人際關係並不牢靠。

在一些家庭裡，父母可能因盲目地追求強大和優秀而對孩子提出過高的要求，簡直按照完美主義的標準來要求孩子。他們給予孩子無數次的否定，每一次否定都讓孩子感到脆弱、無助。漸漸地，這種「我不夠好」的羞恥感會深深地潛伏在孩子的內心，最終變成一種恐懼感，讓孩子再也不敢展現自己的脆弱，甚至不能接受任何否定。

這樣的孩子長大後在任何關係裡都容易出問題，因為他們身上綁著很多「炸彈」，他們即使小心翼翼地前行，也很容易被外界引爆，導致雙方都受傷。

那麼，我們如何才能做到敢於展現自己的脆弱，讓自己過得不那麼累呢？

我們需要明白，脆弱是一種基本的人性。否認或掩飾自己的脆弱，只會讓我們成為一座孤島，從而感到疲憊不堪，沒有活力。

如果所有人都追求「反脆弱」，那麼這個社會將到處充滿防衛、不信任、冷漠、競爭以及控制。我們建起一堵堵心牆，這些心牆固然可以保護我們免於受傷，但同時也會讓我們深陷孤獨之中。

想要從「反脆弱」的狀態裡走出來，我們就必須明白：

（1）脆弱並不可恥，它是人性的重要組成部分

脆弱就像我們的影子，它並不代表失敗、無能。但我們的文化和教育把脆弱與失敗、無能做了很多無效串聯，導致我們一想到脆弱，就自動掉進消極的感受裡。

我們在某些時刻意識到自己需要得到一些安慰，因此會感到脆弱。正是因為脆弱的存在，我們才意識到需要和別人建立關係。我們既然能看見自己的脆弱，也就能看到他人的脆弱，這種共情引導我們與他人建立起深度連結。

（2）直視脆弱是內心強大的表現

一個人只有正視自己脆弱的一面，才能成為真正強大的自己。如果不敢正視自己的脆弱，只會讓自己把精力用於防衛脆弱，用於維護和建設自己的自尊心，這樣就會限制自己的發展，在本質上會讓自己變得更加脆弱。

我們只有直視自己的脆弱，才能從脆弱裡獲取力量。

逃避脆弱不過是一種掩耳盜鈴、自我欺騙的策略，一個人只有接納自己的脆弱，才能真正學會堅強。

（3）不敢展現脆弱的一面，會增加建立關係的難度

真實牢靠的關係是在彼此袒露脆弱的一面這個基礎上建立起來的。求助就是一種敢於展現脆弱的表現。

有句話說得好：當我們愛上一個人的時候，不過是因為透過外在發現他只是個孩子，所以心疼他。

在親密關係中，愛是一種指向弱小者的情感。我們之所以會愛上一個人，並不是因為對方強大，相反，是因為對方暴露的脆弱一面讓我們感到心疼。我們看到對方的柔弱、孤單，內心便會喚起柔情和悲憫。

如果一個人不敢表達自己的脆弱，跟別人建立關係的難度就會增加，因為一段關係的建立靠的就是相互展現脆弱一面的信任和相互的依賴。

（4）展現脆弱，可以幫助我們走出自我中心

當我們掩飾自己的脆弱時，身上就背負了一個沉重的包袱，我們會過於關注這個包袱，從而陷入以自我為中心的思維中。為了照顧這個包袱，我們就沒有多餘的精力去體會別人的感受。

一個人之所以會陷入以自我為中心的思維，其實是追求優越感的表現，因為他害怕自己不如別人。在這種人的生活觀念中，人生來就是不平等的，他們的個人價值是建立在比別人優越的基礎上的。

展現脆弱意味著你必須和別人是平等的，是和別人站在同一條起跑線上的。

我們賦予獨立太多正面的意義，卻失去了依賴愛人和處理親密關係的能力，從而失去了真實的自己。

我們活成了巨人，卻同時深陷「孤島」。

我們學會了用強大的內心去征服和控制世界，卻喪失了與世界和平共處的能力。

唯有敢於展現脆弱，我們才能找回真實的自己。

如何與善妒者和平相處

嫉妒是一種特別常見的心理問題。在各種文學、影視作品裡，我們經常看到因為嫉妒而釀成人生悲劇的人物：《三國演義》中的周瑜，因為嫉妒諸葛亮的才幹，而自己又無法超越對方，最後氣鬱而死；《天龍八部》中的康敏，嫉妒讓其喪心病狂，一直在意自己的美貌，卻慘遭阿紫毀容，最終憂憤而死……

莎士比亞在《奧賽羅》裡也感慨道：「您要留心嫉妒啊，那是一個綠眼的妖魔，誰做了它的犧牲品，就要受它的玩弄。」

嫉妒，是指人們為了競爭一定的權益，對相應的幸運者或潛在的幸運者懷有的一種冷漠、貶低、排斥的態度，甚至是敵視的心理狀態。

嫉妒是一種比較複雜的心理，混雜了焦慮、恐懼、悲哀、猜疑、羞恥、自咎、消沉、憎惡、怨恨、敵對等多種情緒。

就內在感受來說，嫉妒的前期表現為由攀比到失望的壓力感；中期表現為由羞愧到屈辱的心理挫敗感；後期則表現為由不服、不滿到怨恨、敵對的發洩行為。

一個人與生俱來的身材、容貌以及聰明才智等方面的優勢，其他如榮譽、地位、成就、財產和威望等有關社會評價的因素，都容易成為別人嫉妒的對象……簡單而言，一個嫉妒心強的人，天生就是一個極易被引爆的炸彈，別人的各種優點不會引發他的欣賞和欽佩之情，反而會使他產生大量的負面情緒，引發他的攻擊性和破壞心理。

嫉妒心是如何形成的？

人人都有嫉妒心，只是強弱程度不同而已。按照精神分析的理論，嫉妒心強烈的人，通常是由不良的母嬰關係或親子關係造成的。一個人在嬰兒時期的全能感若沒有得到滿足，或者在小時候父母的愛和照顧發生了偏移，他就可能陷入無助、恐懼的心理狀態中。長大後，為了避免類似的不良體驗再度出現，他便衍生出了一種心理防衛機制，即嫉妒。

在善妒者的心裡，有一種別人的優點或優勢會威脅到自己的價值的邏輯。這種邏輯形成於嬰幼兒時期，在他們長大後基本進入無意識狀態。所以嫉妒心的產生，往往是善妒者不自覺的習慣，並且在以前的生活中，他們藉由嫉妒獲取過不少好處，因而更加強化了這種邏輯，導致善妒者的嫉妒心越來越強。

善妒者極其自卑，因為他們無法肯定自己的價值。對他們來說，自我的價值會因為環境變化而產生波動。他們非常在意周圍人的眼光，經常拿自己跟別人進行比較。所以，在生活中我們經常會發現，有的人總是莫名其妙地就生起了恨意，而且在他面前你不能提及別人的好，一旦提及，他的心理就會產生波動，因為別人的任何優點都會讓他聯想到自己的無能。

總之，善妒者總是拿別人的優點懲罰自己，為了不讓自己太難受，他們只能去反向攻擊嫉妒的對象，破壞嫉妒對象的優勢，以此來緩解自我懲罰的痛苦。

善妒者往往把自己的無能、無價值感歸因於別人的優勢。他們認為，只要摧毀別人的優勢，自己就會重獲全能。

那麼，我們該如何與善妒者相處呢？

首先，我們要學會辨別嫉妒心強的人。嫉妒心強的人一般心胸狹窄、言語刻薄，經常在背後對別人的長處進行譏諷。遇到這樣的人，建議與其保持適當的距離，尤其謹記不要在其面前炫耀、暴露自己的優勢，盡量保持低調、謙虛，以免引發其嫉妒之火，從而引禍上身。比較聰明的做法是：在嫉妒心強的人面前盡量暴露自己的短處，這樣會讓他們找到安慰，以免使他們心理失衡。

當然了，最好的辦法還是與其保持距離，避免深交。

其次，當你的長處暴露在外，而被嫉妒心強的人盯上時，你也不要膽怯。善妒者發動攻擊時，會說一些中傷你的話，或明裡暗裡發出挑釁。你要明白，他們之所以這樣做，目的就是讓你難受、栽跟頭，以緩解自己的無價值感。他們發起的攻擊有多猛烈，他們的內心就有多煎熬，此時的你一定要保持冷靜、淡定。你越冷靜，他們越拿你沒轍，你若完全無動於衷，他們反而會對你產生敬畏之心。如果傷不了你，他們轉而就會更加懷疑自己的價值。

俗語說：「不遭人妒是庸才。」若遭人嫉妒，那說明你很優秀，所以換個角度想，你完全可以將別人對你的嫉妒當作一種最好的讚賞。當然，不是所有人都能充分認識到善妒者的真實心理。在善妒者的攻擊下，有些人還是中了招，淪為受害者，使善妒者的陰謀詭計得逞。比如，當善妒者發出「你哪裡哪裡不好」、「你哪裡哪裡很差」之類的信號時，有的人由於內心不夠強大，於是陷入自我懷疑之中，變得恐慌而不自信。

當你因為善妒者的貶低而大呼小叫、恐慌辯解時，善妒者內心正在暗自得意，因為他們的目的就是要證明你也「不過如此」。這時你所有的恐慌和辯解，無疑都證明自己已鑽入他們的圈套。他們強行讓你接受他們的邏輯，然後再用豐富的經驗將你打敗。

那些內心足夠強大的人，會像抖掉雨衣上的水珠一樣，將善妒者發過來的貶低信號從容地抖落在地，絕不讓自己沾染任何污水。他們清晰、穩定的自我價值感，就是那件具有保護作用的雨衣。

最後，對付善妒者的最厲害的絕招大概就是「以子之矛，攻子之盾」。

善妒者無法控制自己的攻擊情緒，當他們傷害不到別人，反遭別人奚落嘲笑時，這種攻擊就會指向自己，從而加劇他們的無能感。

不過，最後這一招建議慎用，就算是無辜遭到別人的嫉妒、陷害，若非忍無可忍，不必置其於絕境。

那些嫉妒心強的人未必能夠意識到自己的這種心理會產生多大的隱患，他們大多數只不過是將自己活成了「嫉妒」這一不良習性的奴隸。

眾生皆苦，正因為了解了嫉妒背後的心理機制，若再遇到嫉妒心強的人，最好是慈悲對待。因為懂得，所以慈悲。

如何應對人際關係中的中傷

眾所周知，人際關係從來都不是一個單純的場域，因為人們會將自己的思想、情緒投射到別人身上。在人際關係的舞台上，背著不同劇本的人紛紛上台，共同演繹著精彩紛呈的生活戲劇。於是，我們看到了一幕幕充滿恩怨情仇、喜怒哀樂的劇情。

在人際關係中，哪種人最容易受傷和遭受踐踏呢？

毋庸置疑，是那些對人性、對自己一無所知的人。這種人在人際關係的投射混戰中總是處於劣勢，莫名其妙地就「躺槍」，他們往往來不及搞清楚情況，就被動地捲入了人際紛爭的漩渦。

比如剛入職場的青年男女，相對來說還帶有一種稚嫩的學生氣，缺乏對人際關係的深度思考，對自己的認識也不足，基本上別人說什麼他們就信什麼，很容易被「洗腦」。當然，隨著閱歷的增長，他們會逐漸成熟起來，最終建立起穩定的自我認同感。

你會發現，生活中很多人在有過被人誹謗、中傷的經歷之後，往往能得到很多感悟，從而加速自己成長的步伐。

社會化是所有人都要經歷的一個階段，但是在社會化的過程中，那些無法完成自我認同的人，始終會被人際關係所困擾。

有的人總是過於看重外界對自己的評價，所以當別人向他們發來一些具有摧毀自我認同感的投射時，他們為了避免受到攻擊，總會習慣性地逃避，其實他們是因為沒有勇氣面對自己的脆弱。

人際關係中產生的每一次糾紛，其實都是一面可以映射自我的鏡子。因為內心充滿恐懼，所以我們才害怕被別人議論；因為害怕別人對我們有不好的評價，所以當別人議論我們的時候，我們才會表現得特別憤怒；因為害怕別人看不起自己，所以當別人議論我們的時候，我們才會感覺很受傷；因為不能確定自己到底是對是錯、是好是壞，所以我們才會為了堵住別人的嘴而拚盡全力。

判斷人的內心是否真正強大，只需看他面對別人對自己中傷時所做出的反應。

大學時期，我們班的班花絕對是讓我最佩服的一個人。與她同宿舍的一個女生整整嫉妒了她四年，那個女生不僅常常對她惡語相向，還到處散播關於她的流言蜚語，但是班花始終像沒聽見一樣，沒有被激起一絲憤怒之情。因此，儘管兩個人住在同一個宿舍，對方一直在挑事，但是雙方從來沒有爆發過衝突。

這讓我想到明星王菲。王菲在面對來自外界的中傷時，總會擺出一副無所畏懼的架勢：不管你怎麼攻擊我、詆毀我，我都不關心，因為我根本不在乎。

這才是內心真正強大的人。

你無法選擇別人的投射，唯一能選擇的是面對別人的不良投射時自己的反應。

有的人表面看上去很強大，其實那只是他們為了獲取外界關注和認可的一種偽裝而已。比如他們受得了吹捧，卻受不了打壓；他們受得了誇獎，卻受不了貶低。本質上，如果一個人真正強大的話，他就不會在意外界的評價，更傾向於生活在自己的價值評判體系裡。

那些透過偽裝自己或者靠吸引眼球的行為來博取外界關注的人，其實他們很害怕面對別人的投射。一方面，他們對群體規則了解太少、社會經驗不足；另一方面，他們在自我認同方面缺乏修練。

我們為什麼會缺乏自我認同，特別在意別人的評價呢？通常情況下，我們在小時候如果很在乎父母對自己的評價，總是靠這些評價來建立自己的自尊，那麼長大後就很容易在意別人對自己的評價，並且格外敏感。久而久之，我們做很多事情的動機就只是為了獲得別人的認可，一旦得不到對方的認可，就會感到失落、委屈。

更嚴重的問題是，我們對自己沒有確定感，時常會想：我這麼做到底是對還是錯，是好還是不好？就連這種確定感，我們也只能從外界獲得。

很多人很難面對自己的不足和缺點，但會在意識層面看別人不順眼，於是議論、評判別人，這便是人際關係中衝突的開始。

老實人因為害怕衝突，不向外投射，卻接受了大量外界的投射，所以他們活得很壓抑。善於偽裝的人相對比較可怕，因為一個人表面上做出攻擊行為你能夠看到，並予以回應。但若對方表面一套、背後一套，你常常就會無暇顧及。

還有很多人因為總是鑽研有關人際關係的學問，特別擅長挑撥離間，他們會基於自身利益試圖去操控別人。

那麼，作為一個自我認同感較低的人，該如何應對人際關係中的中傷呢？

（1）不帶敵意的堅決

大膽地、堂堂正正地擺明自己的態度、立場。要知道，不論是你受別人的情緒影響而產生負面情緒，還是你被別人激起負面情緒，都說明你的自我認同感本來就很低，所以，最重要的是增強你的自我認同感。

不帶敵意的堅決，就是要做到不輕易接納別人的投射，也不會被別人的投射觸怒。

（2）清晰的個人邊界

別人怎麼對你，都是被你允許的。當別人試圖突破你的個人邊界時，你要有識別和保衛自己邊界的能力。對於那些侵害自己權益的人，你要勇於說「不」。

（3）不可輕視任何人

人們常常會輕視那些看上去很弱小的人，但其實誰都不好惹，因為人人都有相似的欲望，那些不能以正常途徑表達的欲望和攻擊性，一定會透過偽裝的方式表達出來。因此你會發現，生活中那些擅長製造人際糾紛，習慣背後中傷別人的人，往往看起來都是一些處於弱勢的人。

最後，希望你也能修練到這樣的境界：「不管別人怎麼攻擊我、詆毀我，我都不關心，因為我根本不在乎。」

欺軟怕硬背後的心理學

欺軟怕硬的人相信大家都遇到過，這種人有兩副嘴臉，見到比他強的特別乖，主動巴結討好對方；見到比他弱的，就擺出一副強者的模樣，還經常試圖欺負、玩弄對方。

這種人有個特點，經常試探對方的邊界，看對方是否能接受他們的欺負，或者經常試圖強行給對方扣上一個「弱者」的帽子。有時候你會覺得，他們甚至是在拿生命證明你是個弱者，如果你不是，他們彷彿就活不下去一樣。

對於這些人來說，他們的性格中往往同時存在著欺軟怕硬和打抱不平兩種傾向。欺軟怕硬其實是某種社會價值觀內化到人心的體現。一個欺軟怕硬的人的內心，往往被社會暴力規則占據，缺乏愛與溫暖。或者說，一個欺軟怕硬的人的內心，充斥著大量的屈辱感，正是為了緩解這部分負面能量，實現自己內心的平衡，他才選擇欺負別人。

事實上，只有弱者才會欺負別人，因為只有透過欺負別人，他們才能體驗到一種「我是強者」的感覺。欺軟怕硬，其實是一種低自尊的表現。假如一個人無法維護自己的自尊，無法維護自己內心的愛和善意，無法透過正常手段獲得自己想要的利益，他就可能會試圖藉由欺軟怕硬的行為來滿足自己。其具體表現為：透過攀附強者，並充當其「打手」，以出賣人格的方式求得利益。

這就像古代的奴才。古代的奴才其實就是人格不獨立的人，他們依賴主子，以討好主子、替主子賣命為生存手段，以主子對自己的賞賜為榮。在古代，一個合格的奴才是沒有尊嚴意識的。合格的奴才不僅會揣摩主子的心思，還善於「選邊站」，他們會觀察哪個主子更有權勢，以便為自己謀個好前程。

從心理學上來講，欺軟怕硬的人正是因為無法獲得健康自愛的力量，才會變得猥瑣、扭曲。他們在強者面前過於壓抑自己，一味地屈服於強者，甚至諂媚、討好強者，允許強者侵犯自己的邊界，以一種傷害自己自尊心的方式與強者互動。在這種互動模式裡，他們是不折不扣的弱者。

然而，這種扮演弱者的體驗並不好，因此他們便急於找到一些比他們弱的個體，把自己內心的負面能量轉移出去。他們要找的這些個體，一定是在他們評估之後覺得比自己弱的、缺乏反抗意識的人。在與這些個體的互動過程中，他們試圖完成在與強者互動時的角色調換，即由他們來扮演強者，被選中的個體扮演弱者。欺負弱者的行為是將他們在強者那裡被踐踏的、被矮化的自尊心恢復正常的嘗試。一旦這種嘗試成功了，他們的內心就會獲得征服的快感，並認為自己很強大。

欺軟怕硬的人都具有一種依附型人格。無論在什麼組織中，他們都會快速透過察言觀色，把人分為比他強的和比他弱的兩種，哪些是需要巴結、討好的，哪些是可以欺負、侵犯的，他們心知肚明。欺軟怕硬的人習慣了依賴強者獲取利益，所以最適合他們的生存方式就是拉幫結派。

在我的諮商室裡，常常有這樣一些來訪者：他們在生活中總是受人欺負，因為找不到合適的管道和方式化解自己因受欺負形成的負面能量，所以陷入各種自我批判的折磨中。他們對自我的評價都極度消極。

我發現，這些來訪者在小時候都有被自己的父母無意識地「欺負」的經歷。他們的父母在社會中與人相處時，都有討好別人的傾向，但在家裡卻表現得十分霸道，常常把負面情緒發洩在家人身上。

這種不良的家庭互動模式，一方面讓孩子變得自尊感極低、價值感極低、缺乏自愛能力；另一方面又讓孩子學到了父母這種與人互動的模式，使得他們長大後在與外界互動時無法建立清晰的個人邊界意識，或者缺乏建立邊界意識的自覺，無意中淪為被欺負的對象，從而形成很多心理困擾。

不管是欺軟怕硬的人，還是被欺負的人，其實都是內心容易感到恐懼的人。這種恐懼感來源於對自我價值的評價過低。他們總是很難相信自己，所以容易放棄自己。他們過度關注外界，以求適應外界。為了安全、為了生存，他們把恐懼的「皮球」拋來拋去，其中一些人「成功」了，找到了「受氣包」，於是變成欺軟怕硬的那種人；有些人沒有選擇將自己恐懼的「皮球」拋出去，反而接過了別人拋過來的「皮球」，使自己深受其害。

實際上，對付人際關係中的欺負行為，最重要的是你不要去接別人扔過來的「皮球」，要做到不卑不亢。當別人向你傳遞出你是弱者的訊息時，你不要自我懷疑、自我矮化，即所謂「不卑」；當別人向你傳遞出你是強者的訊息時，你也不要趁機侵犯別人的界限，不要認為自己高人一等，即所謂「不亢」。

只有擁有不卑不亢的意識，你才能在人際關係中達到基本的成熟狀態。

對付內心的恐懼感，自愛是良藥。

我們常說一個人要有自尊心，但其實自愛要放在自尊之前，因為一個不懂得自愛的人，也最容易缺乏自尊。

自愛是一種無條件的自我愛護。不管發生什麼事，都要肯定自己是值得被愛的、有價值的，這種價值不會因為外界條件的改變而改變，它應該是個體內部一種自覺的力量和行為。一個不懂得自愛的人不會明白愛的意義，也就不會愛他人。

另外，我們都需要培養對自我負責的意識。責任感是一種能力，會讓一個人盡可能整合自我的力量。一個欺軟怕硬的人一定不夠自愛，同時又不具備對自我負責的意識。因為他本身缺乏對抗恐懼的力量，所以只能採取一種變態的、扭曲的方式，從別人身上偷得一些力量。不過，這種力量往往禁不起考驗，因此對付一個欺軟怕硬的人最好的方式就是絕不服軟，表現得比他更加強硬。當你表現得比他還強硬時，他立刻就會疲軟下來，因為他的力量本來就是「假力量」，他的強大自我不過是種假象，在假象背後藏著的是他弱小而卑微的、充滿恐懼的真實自我。

你如果在生活中面臨被欺負的困擾，就要自省，想想在你的自我認知裡是否有看輕自己、看低自己的傾向。很多時候，正是這種傾向導致了內心恐懼的產生——它才是你真正的敵人。欺軟怕硬的人經常試圖侵犯你的邊界，不過是在試探你的底線。一旦發現有機可乘，他們就會長驅直入，沒完沒了地對你實施欺負行為。

做一個有底線、有原則的人，你就不會被內心的恐懼挾持。那些欺軟怕硬的人在試探你的底線過程中，如果發現你內心強大、不容侵犯，就會乖乖撤退。

擺脫「控制」，找回真實的感受

有段時間受朋友的影響，我也加入了健身的行列，包括早起跑步半個小時，晚飯後去健身房鍛鍊一個小時。但是健身一週後，我就堅持不下去了，倒不是因為意志垮了，而是因為我的身體陷入了嚴重頹廢的狀態。我發現只要我繼續按照計畫行事，身體就會發出強烈的抗議。

我不是一個討厭運動的人，但是為什麼在制訂了一個詳細合理的健身計畫後，我的身體卻如此抗拒它？總之，只堅持了一週，我的身體就提出了罷工的訊號。

我想了想，問題大概出現在「計畫」兩個字上。我心裡很明確的感受是：既然我不討厭運動，那麼想運動的時候就可以去運動，為什麼非要給自己設下「早起跑步半個小時」、「晚飯後健身一個小時」這種規定呢？

我發現，正好是因為有了這種規定，運動這件事似乎才變味的。

是的，我的身體抗議的似乎不是運動，而是規定化的運動。

實際上，在某些自我規定和要求後面，我們似乎總有一種「不然不行」的思維與起作用。為什麼會「不然不行」呢？有些事情不去做會怎麼樣呢？我們到底在恐懼什麼？

在面對生活中大大小小的事情時，很多人都有這種「不然不行」的思維。我們總是強迫自己必須怎麼樣，大到找工作、談戀愛、買房子，小到每天的走路步數，我們總是習慣用一個嚴苛的、明確的標準來要求自己。

我的一位同事，甚至要求自己每年必須出去旅遊幾次。他的口頭禪就是：「不然不行啊。」搞得我都不知道他是為了享受旅遊而旅遊，還是為了滿足心理上的「不然不行」而去旅遊。旅遊本來是一種讓自己放鬆的行為，可很多人的旅遊卻成了讓自己假裝開心的行為，我稱這種扮演的開心為「旅遊表情」。比如一個人明明忌憚旅途勞累，不喜歡長途跋涉，卻非強迫自己去體驗一把「這個地方我來過了」的感動和欣喜，像是在完成規定化的任務。

總之，「不然不行」的思維，似乎意味著如果不那麼做，你就不及格。這種思維導致了一種結果：很多事情我們都是為了完成而完成，從而忘記了享受完成這些事情的樂趣。

現在，每個人的行為似乎都被標準化了，都被放在一個個精確的座標點上。我們在各種文章或數據分析中看到了無數個觀點，但是唯獨沒有看到感受。似乎一個人已經完全無法明白自己那種獨特又真實的感受，更不用說按照自己的感受生活。所有的感受都被預置了。不僅如此，還設定了各種標準線，每個人只需要在這些由數字代表的標準線上做到達標就行了。

這意味著你要盡快去土耳其棉花堡躺一躺、去日本看一次櫻花、每天走夠一萬步，每天吃不超過兩千卡路里的健康餐，而且必須有胡蘿蔔和花椰菜，男士得有八塊腹肌、女士得有蜜桃臀……總之，生活過得就像在打卡。

是的，我想我知道了自己討厭運動計畫的原因，它讓我的生活變成了打卡模式。朋友圈裡的很多人在向我展示：透過一次次的打卡，他們正在成為「更好的自己」。我們過起了機器人的生活、工業化的生活、數字和報表的生活、打卡的生活。作為一名心理諮商師，我更知道如此井然有序、理性至極的生活意味著什麼。所有微觀層面的理性看上去都很正常，但從宏觀層面來看，這所有的理性加起來又恰恰在證明著一種非理性。

我不知道現在有多少人擁有強迫型人格，但我理解了那些類似〈控制不了某某的人，就沒有資格談人生〉之類的文章閱讀量之所以高的原因：把一切事情都打卡化，人會本能地感到不舒服，此時這些文章便會成為精神安慰劑，來加強人們的意志力。畢竟，如此反本能的事情必須要靠持續的集體催眠才能完成。

如果一個人只能依靠意志力活著，那是多麼悲哀的人生啊。想想那些又累又缺乏創造力的強迫症患者，他們也許一生都無法讓自己放鬆下來。也許這就是很多人會產生焦慮的原因，本能的感受長期被壓抑，得不到尊重，但是理智上需要完成的任務卻那麼多，他們用意志力強迫自己去行動，久而久之，便使自己陷入了焦慮的狀態中。

哲學家經常討論人的異化問題。在心理學上，「人之非人」是指個體被強大的「應該」法則控制，失去了與自己真實感受的連結，過度地依靠理智行事，但是在這種理智的背後，卻是一片茫然。

過度控制一定會導致失控，而失控又會催生更多的控制，最終使人疲憊不堪、內心衝突不斷，難以找到安寧。

我們千方百計地要將自我感受排除在外，但人之所以為人，而不是機器，大概就在於我們終究是擁有自我感受和需要自我感受的生物。即使「控制」的幽靈無孔不入，但在某些時刻，我們的內心總會掠過一絲不安，因為我們的內心在發問：「到底為了達到什麼目的，我竟然每天都把自己搞得如此疲憊？！」

擺脫「控制」，與你的真實感受建立連結吧！

人生需要靠自己成全

我的一位來訪者因為在生活中遭遇了一些變故，患上了憂鬱症。我費了好大的精力才幫他擺脫憂鬱狀態，然而不到半個月的時間，他又回來找我，說自己又開始憂鬱了，晚上睡不著覺。

他說，一想到自己遭遇過那樣的變故，就又想不開了。這位來訪者在年過四十的時候離婚了，看著自己身邊的人都擁有幸福的家庭，就覺得無法接受離婚的事實。時間一長，他就憂鬱了。

聊天時我發現，這位來訪者內心有一個很偏執的標準：四十歲的男人就應該家庭完整、生活穩定，而且要擁有一定的資產。

在諮商室裡，他屢次提出的疑問便是：「別人怎麼都那麼幸福，為什麼就我這麼不幸？」

事實上，來找我諮商的很多都是「社會標準」的擁護者、執行者。在他們以往的人生經驗裡可能有一項信條從未失效過，那就是人到了一定的年齡就必須擁有某些標準配備。一旦發現自己沒有「達標」，他們的內心就無法淡定了。

我的一位女性朋友，三十歲，未婚，她的日常生活狀態是：天天相親，無心工作。明明內心對另一半有明確的期待和要求，卻總是不管條件合不合適都要去和對方見一面；明明知道大齡未婚是目前很普遍的一種現象，可她還是整天自怨自艾，焦慮不堪。

問題是整天與各種「社會標準」糾纏不清，讓自己陷入難以自拔的負面情緒裡，實際上對解決問題於事無補。比如我的這位女性朋友，她本來可以選擇好好工作，放大自己的優勢，可她卻選擇在一種「匱乏」的狀態裡不放過自己，因而變得頹廢不堪，以致最後連工作都丟了。

有很多的「匱乏」，其實都是偽匱乏，是以所謂的「社會標準」衡量自己導致的匱乏。比如我的這位女性朋友之所以無心工作，就是因為她認可「女人三十歲未婚，就很失敗」這種觀點；而那位患有憂鬱症的來訪者，之所以覺得不快樂，是因為認可另外一種觀點：四十歲的男人就應該家庭美滿、生活穩定。

一個人追求所謂的「社會標準」本無可厚非，但是這種追求若喪失了彈性，就會變成枷鎖，讓人活得死板、僵化，內心累積大量的負能量。

一個受困於「社會標準」的人，一定不懂得尊重自己的感受，甚至會慢慢地忘卻自己的感受，忘卻自己真正想要的是什麼，轉而追求一個個的「社會標準」。一旦發現自己沒有「達標」，就覺得自己毫無價值，充滿挫敗感。

然而，那些「達標」的人，他們就一定過得好嗎？三十歲前結婚的女性，一定幸福嗎？四十歲的男人家庭完整、生活穩定，他們的生活中就不存在別的問題了嗎？

一味地追求「社會標準」，只會讓人喪失最基本的獨立思考能力。

那些被「社會標準」套住的人，往往在之前的生活經歷中沒有找到清晰的自我，或對自我的認識特別膚淺，以為那個社會化的自我就是全部的自我。事實上，社會化的自我很多時候是一個條件性的自我。如果一個人的自我完全由社會化的自我構成，到了一定階段，他一定會產生一種無能感，因為沒有一個人可以完全符合社會的要求。

我們必須明白：能操控我們的，只有我們自己的內心。所謂「社會標準」，只不過是一隻虛張聲勢的紙老虎，如果我們害怕它，它就會打敗我們；當我們完全不在乎它、不理會它時，它根本奈何不了我們。

說到底，人得自己成全自己。如果你非要去討好社會，難受的就只能是你自己。

缺乏個人邊界，活該被人欺負

一個成熟的人應該擁有這樣一種意識：現實中的人際關係並不總是美好、簡單和純潔，有時也充滿排擠、誹謗、陰謀等負面能量。因此，在人際關係中培養自我保護的能力，就顯得尤為重要。

所謂一個人社會化的過程，就是指一個人學會與外界正確互動的過程。一個人如果在人際交往中缺乏自我保護的能力，就容易成為被欺負的對象。

那麼，人際關係中的自我保護能力究竟是怎樣一種能力？

顧名思義，自我保護能力就是保護自己不受傷害的能力。從心理學意義上來說，這種自我保護能力跟一個人在人際關係中建立清晰的人際邊界的能力有關。自我保護能力就跟人體的皮膚一樣，具有抵抗外界入侵、隔絕傷害的功能。如果缺了這道屏障，人就無法分清楚哪些事情是自己的，哪些事情是別人的，哪些事情應該由自己處理，哪些事情應該由別人負責。

當一個人不能對外界強塞給自己的感受做出基本的判斷時，就說明他缺乏建立人際邊界的能力，最後只能被人牽著鼻子走。究其根本，是因為沒有替自己的「領土」設下邊界，容易被別人隨意闖入，無法主宰自己的意志。

別人之所以能闖入你的地盤，是因為他看穿了你沒有自我、缺乏邊界感。如果別人讓你做什麼你就做什麼，說你是什麼你就是什麼，那你就活該被欺負。

為什麼有的人缺乏建立人際邊界的能力？

一般來說，心智不夠成熟的人往往缺少建立人際邊界的能力。他們對社會和人際關係的認識不夠深刻，人際交往經驗和社會閱歷通常較少。

在一個家庭中，父母與人打交道的方式會對孩子產生潛移默化的影響。因此一個人對社會和人際關係的認識，很多都源自於父母傳遞的間接經驗。擅長處理人際關係的父母，其子女可能從小就具備了處理人際關係的經驗；相反，一些父母自身的人際交往經驗尚且不足，那麼他們就無法給孩子提供良好的人際交往榜樣，也就無法幫助孩子建立人際邊界。當然，除了父母自身心智水平的問題，孩子天生的個性也是導致其缺乏建立人際邊界意識和能力的原因。

成熟的心智建立在良好的自我認知的基礎上。一個人需要徹底認識自己，了解自己的核心能力和特點是什麼，內心始終有一個篤定的「核」。這樣一來，不管外界發生怎樣的變化，內心的「核」都會穩定存在。

不要小看這個「核」，只有有了這個「核」，一個人的心理狀態才易於平和穩定，才會有多餘的精力去分析外界的變化，才會懂得如何控制自己的情緒和應對外界的變化。只有有了這個「核」，一個人才會在與人互動的過程中真正了解自己需要什麼，自己的底線和原則在哪裡。一旦缺少了這個「核」，他對外界的反應基本就是本能反應，也就無法洞察別人的動機，容易被人操控。

沒有自我的人最容易被外界操控。一個人沒有自我的常見表現是：缺乏安全感，內心不篤定。他會向外界傳遞一種「我很不安」的訊息，為了平息這種不安，就會過於看重別人對自己的評價。為了確保別人不會對自己產生不滿，從而給予自己壞的評價，他會時刻關注別人、討好別人。

遺憾的是，當一個人傳遞這種「我很不安」的訊息時，往往容易引來別人的侵犯。因為那些在人際關係中累積了大量負能量的人，急需透過欺負別人甩掉自己內心的負能量。

一個人在成長過程中，如果反覆遭到別人欺負，就會嚴重損害其自我的發展。由於本來就沒有建立起清晰的自我邊界，因此他的自我認知會更加蜷縮，內心只會更加不安、更加缺乏安全感，他對於人際關係的掌控能力也就越來越弱。更有甚者可能會走向憂鬱、自閉，性格變得越來越孤僻。

如何建立清晰的個人邊界？

個人邊界的建立跟早年的母子關係緊密相關。從自體心理學上來講，一個人在嬰兒時期，需要藉助一個客體來確定自己是誰。這個客體像一面鏡子，嬰兒藉由與這面鏡子的互動，得以確立自我。

如果一個人在早年喪失客體，缺乏這面鏡子，等到他長大後，就會拚命地去尋找這面鏡子，以此解答「我到底是誰」、「我是什麼樣子的」等問題。

我們知道，母親是孩子最初的那面鏡子，但如果一個母親自身的自我認知就不健全，她扮演的鏡子映射出的孩子的形象，也必定是不穩定的，因此，孩子一定無法建立清晰的個人邊界。還有一些母親，她們缺乏理解孩子感受的能力，總是活在自己的世界裡，一味地按照自己的標準強制要求孩子。在這種環境下長大的孩子，內心的鏡子也是不清晰的。他們的內心往往有兩種聲音，一種是母親內化進他們內心的要求的聲音，另一種是他們自己感受到的世界的聲音。這兩種聲音常常無法一致，彼此衝突。他們面對的首要問題是確認哪個才是真正的自我的聲音，所以他們的個人邊界就會混亂、模糊，因為他們的自我是分裂的。

在沒有鏡子或不清晰的鏡子這兩種環境下長大的孩子，都喪失了自己內心的「核」，這就注定了他們之後的人生任務是去尋找自己的「核」，而不是發展其他的心理能量。

一個人在青春期的社會化，是其建立個人邊界的第二個契機。處於這個年齡階段的人，如果從外界得到了足夠多的滋養和接納，可能會完善早年沒有建立好的自我認知。社會化是一個持久的需求，它跟一個人的心智成長密不可分。一個人如果心智不夠成熟，就需要被迫地完成心智成長的任務。

當然，即使你現在依然沒有建立起清晰的個人邊界，但只要你認識到了自己的問題，就是很大的進步，因為覺察即治癒。一旦你意識到自己的問題，再去找問題的解決方式就容易得多。當你理解了自己為什麼會過於依賴外界的評價時，你就會在往後的生活中不斷調整自己，而不至於像沒有皮膚的軀體一般，任由外界的刺激對自己施加影響。

每個人看待事情、處理事情的方式千差萬別，所以你不能指望別人理解你、為你處理問題。你要意識到，正因為別人都不理解你，所以他們對你的評價很多都是不準確的，你無須過於依賴這些評價。

總之，對於別人的看法自己聽聽、了解一下就可以了。具體怎麼回事還得自己分析、判斷，自己對自己負責。如果你能意識到自己和別人的區別——你們只需要處理好各自的人生，那麼你的個人邊界問題就能夠得到解決。

無論如何，先要找到你自己。

這個「自己」只有你最清楚，你的父母、伴侶都無法比你更了解你自己。這意味著你要接納自己內心的聲音，而不是別人的聲音，你要尊重自己，要捍衛自己的權利，而不是把掌控自己的權利拱手讓給別人，或者指望別人對你負責。

這個世界上沒有人會對你負責，除了你自己。你要消除自己內心依賴別人的幻想，因為依賴別人就是輕視自己。而且真相往往是：你所依賴的那些人，他們連自己的問題都處理不了，又怎麼可能處理得了你的問題？又怎麼能對你的人生負責？

請停止向外界尋找「守護神」的幻想行為，學會對自己負責。無論外界環境如何，你首先要討好的都是你自己。

Part 4
向內看的人，才是清醒的

生活是公平的，如果你總是抱怨，總是悲觀厭世，命運就一定會如你所願，最終給你一個慘澹的下場。

向外看的人在做夢，向內看的人才是清醒的

「他怎麼這樣？」

「他怎麼會這樣？」

「他怎麼可以這樣？」

我的諮商室裡經常會有這樣一類來訪者，他們來做心理諮商時，諮商的卻都是別人的問題。他們總是抱怨別人有問題，並希望我可以幫他們解決「別人的問題」。

「為什麼我的主管總是那麼虛偽？看著他那副嘴臉我就有氣。」

「為什麼我家孩子總是在打電動？怎樣才能讓他愛上念書呢？」

「孩子每天都很晚睡覺，怎樣才能讓他早點睡覺呢？」

「我的朋友總是很自戀，怎樣才能讓他不那麼自戀啊？」

以上這些問題，其實可以總結為兩句話：

「他為什麼跟我想像中不一樣呢？」
「他怎樣才能聽我的話呢？」

當一個人不能接納真實的別人時，他的思維就會進入一個「應該」的世界：別人應該這樣做，不應該那樣做；事情應該這麼做，不應該那麼做。

「主管不應該那麼虛偽。」

「孩子應該好好念書。」

「孩子應該早點睡覺。」

「朋友不應該自戀。」

然而實際情況是，無論是主管、孩子還是朋友，沒有一個人是你想像中應該有的樣子，所以你開始變得憤怒、抓狂：「他怎麼可以這樣做？！」

這種憤怒的情緒消耗了你大量的能量，把你搞得寢食難安，甚至陷入憂鬱狀態。

於是你覺得被這個世界深深地辜負和傷害了！你很委屈，也很無力。

可別人怎麼做是別人的自由。這有問題嗎？這是別人的錯嗎？真正的問題難道不是：為什麼你不允許別人做真實的自己？

別人那個真實的自己傷害了你的自尊，傷害了你對他們的期待、信任和想像，這種打擊對一般人來說頂多是一次想像的幻滅，可對過於脆弱的你來說，不亞於一次死亡。

你總是緊緊抓住自己對別人的那些期待、信任和想像，以維護自己那丁點脆弱的自尊，希望一切可以如你所願。當看到一切並沒有如你所願時，你便掩耳盜鈴，主動迴避真相。

很多人之所以陷入一段糾纏不清的關係裡，一再地控訴別人如何讓自己失望，是因為他們不敢去面對一個本來就有著明確界限的事實：別人是別人，你是你。

想像的幻滅會指向關係的分離。這意味著我們要獨自面對很多事情，像自己在黑暗中孤零零一人又被推了一下。這也意味著不舒服、不熟悉，意味著挑戰、獨自承擔，意味著最原始的「脫離母親懷抱」的感覺。

被迫分離是痛苦的，因為當事人還沒有做好心理準備。如果身邊沒有人鼓勵和支持的話，很多人就完成不了分離的「任務」，所以才選擇死死地抓住別人，雖然這樣很難受，但至少不用面對分離的「任務」。

我們來到這個世界上，最初心理上是想跟別人共生在一起。這個「別人」主要是指母親，此時母親意味著我們的全世界。

但是在成長的過程中，我們會逐漸發現現實世界和自己所想的存在一定的差距。另外，隨著各方面機能的發展，我們會自發地想要脫離母親的懷抱，自主地探索世界，以獲得獨立性。

但是這種獨立性的發展可能會傷害有共生需求的母親，因此，孩子的這種獨立性發展的需求就不會被母親接納。於是，孩子被迫回到跟母親共生的關係裡，無法完成分離的「任務」。

很多母親對待孩子的方式是：讓孩子成為自己想像中的樣子。於是，孩子也以這種方式去要求外界。孩子在成年以後，如果依舊處於這種心理狀態，就無法走出自我去接納真實的外界和他人。

一個人之所以在一段關係中糾纏不清，是因為在他人身上捆綁著一部分自我。如果別人不按照他要求的方式去做事，意味著他的自我將受到衝擊，甚至會破碎，於是「我」就沒有了自我。

我們要被迫面對幾個根本的問題：我是誰？我從哪裡來？我要到哪裡去？

當一個人不肯面對自己時，他就會不停地面對別人，總覺得別人這裡有問題、那裡也有問題，不停地想要改造別人、控制別人，讓別人「為我所用」。此時，他覺得自己所堅持的一定是對的，自己的觀點就是宇宙的真理。他的自我是僵化的、偏執的，一旦自己的信念遭到別人的質疑，一定就是別人有問題。

一個人指責別人容易，面對自己很難，因為面對自己，意味著要去面對自己的創傷、脆弱。當我們抗拒接納真實的別人時，也就意味著我們無法接納真實的自己。如果別人對我們不友好，似乎意味著我們是不夠好的，所以我們不敢接納別人對我們不友好的部分，一定要與之對抗。

但實際上，如果主管就是很虛偽，那麼你要怎麼做才能避免受其傷害？

如果孩子確實念書念不好，那就真的意味著他不夠好嗎？他就沒有其他優點嗎？或許他只是對念書不夠熱愛，那麼你要做些什麼，才能讓他對念書產生興趣？

如果朋友就是很自戀，就是愛吹牛，那又如何？這會對你造成什麼影響？你需要在你們的相處中做怎樣的調整，才可以不再受其困擾？

從面對別人、要求別人，到面對自己、看看自己能做些什麼，不過是一種轉念，但是這種轉念會大大增強你解決問題、適應世界的能力。當你從僵化的自我中心裡走出來時，便會發現自己變得越來越有力量。當然，這個過程是辛苦的，但是比起你跟別人糾纏在一起，不停地內耗，這點辛苦實在是微不足道。

一個人在與外界的互動中，一定會面臨諸多考驗，此時，擁有一種開放的心態就顯得尤為重要。所謂開放的心態，就是指保持開放性的自我，心理學專業術語是「成長型自我」。其實就是放低自己，讓自己變得謙卑，隨時保持成長的心態，隨時保持正念：真實的情況如何？我應該怎麼做？

一個人的自我如果是僵化的，就不會擁有開放的心態，就會陷入「某某為什麼會這樣做」、「某某不應該這樣做」的糾纏中。僵化的自我意味著一個人依舊處於嬰兒對母親的依賴狀態，但成長型自我意味著看清了外界的一切都在變的現實：我們很難控制外界，唯一可以依賴的只有自己；當外界的變化沒有如我們所願的時候，我們是有能力應對的。

還有一種高手是這樣應對：外界怎麼變，我就怎麼變；不管外界如何變化，我都可以適應這種變化。這種人的內心異常強大，他變的只是外在的應對策略，他的內核是穩固的。而這種穩固的內核，正是建立在一次次地解決現實問題基礎上的自信。

按照佛學的說法，修行的最終境界是進入無相的世界。無相，即沒有自我。既然是無相，也就沒有任何事情可以衝擊到自我，此時的自我和宇宙融為一體，無所謂好壞，無所謂對錯，無所謂得失。正如《金剛經》所言：「一切有為法，如夢幻泡影，如露亦如電，應作如是觀。」

簡單來說就是：我跟所有的事情都完成了分離，不再執著於幻象，我看到的一切都是幻象。既然如此，那麼我就無所謂喜怒哀樂、無所謂糾纏。

心理學大師榮格說：「向外看的人在做夢，向內看的人才是清醒的。」

我想說的是，分離可能是一件指向終生的事情，因為世事無常。這也意味著你的自我無法找到一個外物，並與其永恆地捆綁在一起。

戀愛中，你得到一個人會指向分離，失去一個人也會指向分離，因為最終你不得不面對別人真實的一面，而他真實的一面可能會讓你失望。

回過頭來，你還是要面對自己，回答你是誰的問題。

成熟就是你再也無法找到一個可以依賴的「母親」，但自己卻逐漸發展出了很多「母親」的特質。你還是要面對很多想像的幻滅，面對他人帶給你的失望，但你已經擁有了應對變化的能力。

你越來越接近無相，但在每個需要應對現實的時刻，你都可以變幻出有相來，以適應外界的變化。

沒有一種人生叫做正確

前段時間重溫電影《芳華》，說實話，觀後感不是很好。想了很久，我終於明白自己不舒服的原因：作為故事的敘述者蕭穗子，對男主角劉峰的那種評判態度，我很難接受。

我特意看了《芳華》的原著，覺得裡面還涉及一些心理學知識，比如，主角劉峰可能是因為超我太強，因此生活不幸。讓人鬱悶的是，網上充斥著各種文章，其內容主旨都是對劉峰進行人格分析，認為劉峰是討好型人格，言外之意就是：劉峰之所以一生如此潦倒，完全是因為他心理有問題。是啊，對於大多數觀眾來說，不管在銀幕前如何流淚，一旦走出電影院，就會暗自告訴自己：不要活成劉峰那樣的人，太苦了！

看了那些文章後，大家也會小心翼翼地審視自己是否有和劉峰類似的問題，甚至曾在腦海裡閃現出自己周圍的一些人：原來他也因為是討好型人格，所以才會受傷、才會失去那麼多。

無論劉峰活著還是死去，我們好像從來都沒有想過尊重他。可是，一個人即使過得潦倒又如何？誰規定追求世俗的成功才是一種正確的人生？很多人以自己平庸的人生標準去分析劉峰，竟然還得出那麼多警戒世人的謬論！

究其原因，我想是因為大多數人都默認世界上存在著一種相對正確的人生。而任何偏離這種「標準」的人，似乎都該被分析、被議論，而不是被了解、被尊重。

我們對劉峰的分析、評判，只不過折射出了我們自身的狹隘和以自我為中心罷了。

隨著心理學知識的不斷普及，這門學科似乎已經成了某種顯學。當今社會，人人都想學點心理學。可以理解，大家都想過得快樂，少些煩惱，多些幸福。

但是我發現有的人學了心理學之後，生活品質不僅沒有提高，反而越來越差。這是因為他們掌握了一些心理學原理、名詞之後，不去了解自己，卻熱衷於分析、評判別人。

我想說的是，不要拿你所謂的心理學知識去分析你的愛人、親戚、朋友以及同事，這是一種帶有攻擊意味的行為，而且很不合理。

首先，心理分析只用於諮商師在面對當事人求助的時候，且所有諮商內容都要做到嚴格保密。沒有經過當事人同意就對其進行心理分析，是對當事人的極度不尊重。

其次，世界上沒有完全健康的人，幾乎所有的人都存在著不同程度的心理問題。當你去理所當然地分析別人的時候，前提是假設你自己沒問題，實際上你就是在建構一種具有壓迫傾向的不對等關係。

最後，我們學習心理知識，是為了更好地理解一個人，而不是評判一個人，二者有著根本的區別。

比如，面對一個性格高冷的人，一些人在學了點心理學知識之後，能夠一眼看出對方的心理防衛機制，於是得意揚揚，心想：跟我來這套，別在我面前裝了，我早就看穿你了！接著便肆意指出，甚至自以為是地拆穿別人的防衛，把對方搞得很尷尬，甚至受傷。

把別人都弄受傷了，他們還覺得自己很無辜，認為：「你不就是這樣的嗎？我說句真話怎麼了？」

這樣的人學心理學只是為了賣弄知識、彰顯自己的「聰明」罷了。

如果你能在生活中本著理解別人的態度，去使用自己學到的心理學知識，可能會雙贏。畢竟，心理學知識是用來理解別人的，而不是用來評判別人的。

除了分析別人，很多人還會錯用心理學知識來指導自己的人生。

心理學從來都不是你的人生嚮導，因為沒有一種人生叫作「按心理學生活」。事實上，你可以過各式各樣的人生。超我太強又如何？共生性依戀又如何？強勢又如何呢？如果你自己不覺得難受、痛苦，不覺得需要求助，那就毫無問題。

像《芳華》中的劉峰，他願意為某種信念活著，那是他的選擇，只要他自己不痛苦、不後悔，任何人都沒有資格評判他。

在從事心理諮商工作的這些年中，我發現很多人常常被某些認知束縛，從而讓自己的人生過得比較僵化，不夠自由。

比如，有的人堅持認為，無論什麼事，除非不做，要做就要做到極致。有了這種認知，他們往往不敢輕易開始，因為他們害怕最終不能做到極致，無法向自己交代，這就導致他們總是迴避生活中一些困難的事情。這些認知便是戴著所謂的「正確的人生」面具而出現在他們生活中過活。

不知道從何時起，一些心理學分析也在告訴人們，如何做才能避免受到傷害，如何做才能有所收穫，什麼才是正確的人生。

漸漸地，我們開始害怕違背這些規則，因為我們將其連結到「正確的人生」。我們習慣了為某種要求而活：為了出人頭地、為了光宗耀祖、為了面子、為了高人一等……如果我們能夠面對自己內心的真實感受，我想很多人其實並不那麼熱愛成功。

雖然我們在不經意間被戴上了約定俗成的諸多鐐銬，但我們依然擁有選擇的權利。可以卸下的鐐銬，我們需要自己找到打開它的鑰匙；必須要背負的鐐銬，不妨就戴著它起舞吧。

我們正是因為常常忽略自己的感受和心靈，過分地看重社會要求，過分地用理性控制自己的人生，才導致我們活得壓抑、內耗嚴重。

倘若不想再過這樣的人生，就試著丟掉那些所謂的「標準」吧，按照自己內心真實的想法活一回。

控制不了情緒，何以控制人生

人人都會產生各種情緒，但並非人人都能管理好自己的情緒。管理情緒的第一步是在情緒產生時對情緒進行覺察與識別，然後使用一定的技巧去控制它。

那些在生活中特別情緒化的人，不一定欠缺管理情緒的意識，而是在情緒產生的時候並沒有覺察出來，然後就被情緒所支配，具體表現為：喜怒無常，極易受外界影響。

在一般人的認知裡，情緒化不是一件好事。其實未必如此，很多藝術家就是依靠大量的情緒和感覺進行創作的，因為某些情緒往往可以激發他們的靈感。所謂藝術家氣質，就是指一個人對藝術較為敏感，因此對於藝術家來說，某些情緒能夠激發出他們的天賦。歷史上有很多藝術家、文學家，都患有憂鬱狂躁症，這種人格特質給他們的生活帶來了麻煩，卻給他們的藝術創作帶來了極大的幫助。

所以，你如果也是一個十分情緒化的人，先不要急著否定自己，而是看看這種情緒化是否給你帶來了好處。比如，對世界獨特而強烈的感知，可能讓你體驗到了別人無法體驗到的東西，由此激發了你的創造力。你要相信，情緒化的你或許是擁有創造天賦的。除了學習掌握調控情緒的技巧，你還可以把自己情緒化的某些部分加以利用，讓情緒來豐富你的生命，而不是成為你的障礙。

情緒產生後，在其強烈程度與穩定性方面，並非人人都一樣。心理學上，根據希波克拉底的體液理論發展出四種人的氣質：黏液質、抑鬱質、膽汁質和多血質。具有黏液氣質的人，可能天生就比別人鈍感一些。而抑鬱質和膽汁質的人，天生就對某種情緒很敏感。抑鬱質的人更容易產生悲痛、傷感等自憐性情緒，並且情緒波動性較大，更容易情緒不穩定。膽汁質的人天生對憤怒敏感，他們容易衝動，不過憤怒來得快去得也快，俗稱「急性子」。多血質的人容易產生樂觀的情緒，心態較為積極，情緒也相對穩定。

也是就說，除了後天的情緒控制技巧，天生的氣質類型也決定了一些人比其他人更容易情緒化或情緒失控，因此在關於情緒控制的學習上，他們需要付出更多的努力。

一個人隨著自身的成長以及社會閱歷的增加，個性會日漸趨於成熟和穩定，因此其情緒的管理能力也會逐步得到提升。

從這一點來說，情緒管理能力的提升是一個人適應外界環境的結果，是一個人一次次地與世界、與他人互動，從而有意識地調整自己的行為，以獲得更好的適應能力的成果。

所以如果你總是情緒化，可能就是因為你的人格還不夠成熟，你的心理年齡還很小，依然在用一種孩子氣的反應面對世界。

為什麼你會情緒化？

因為很可能你的原生家庭對情緒的認知是空白的，你的父母本身就沒有覺察情緒、管理情緒的意識。在這樣的家庭環境中長大，你自然也就不具備這種意識。

另外，也可能你一直被父母保護得很好，導致你的社會經驗嚴重不足，使你缺少反思自我、讓人格走向成熟的機會。很多人之所以表現得十分孩子氣，是因為他們吃的苦頭還不夠多，對自我的要求很低，如果在社會上鍛鍊幾年，碰的壁多了，他們對情緒的關注和調控自然就多了起來。

因此，你之所以情緒化，除了因為沒有掌握控制情緒的技巧，還有一個重要的原因，就是你認為自己有任性的本錢。

一個人成熟的過程，就是不再認為「自己可以任性」的過程。

以前的你總是以自我為中心，認為世界會圍著你轉，並且應該圍著你轉。在社會上打滾磨練幾年之後，你才發現世界不以任何人的意志為轉移，不僅不會圍著你轉，而且需要你緊緊地圍著它轉，即使如此，你也不一定能得到你想要的東西。你發現生活處處充滿危機、陷阱，需要提升自己的能力以應對各種危機與陷阱。這個提升自己的過程，就是學習情緒控制的過程。這時，你的情緒調控的動力已經滿足，你需要的只是學習一些方法和技巧。

本質上，學習情緒控制是一個人深度社會化的過程。

既然情緒管理是一種主要依賴後天訓練養成的能力，自然和家庭的教育、父母的影響密不可分。

有情緒化問題的人，很可能其父母也有同樣的問題。遺憾的是，在這樣的家庭裡，情緒化可能從來都沒有被當作一個問題。家庭成員各自的情緒化行為，往往被認為是正常的、不需要改正的。生活在這樣的家庭環境中，人自然不會有管理情緒的意識。當他表現出暴躁、憂鬱或者頹廢的行為時，他也不會意識到這是一種情緒化的體現，只會任由自己的情緒氾濫，任由自己沉浸其中，聽憑情緒的擺布，並且產生情緒化推理的行為。

所謂的情緒化推理，就是指根據自己當前的情緒來評價外界或他人。也就是說，我們心情好的時候，給什麼都按讚；當我們心情不好的時候，比如憂鬱時，我們就覺得一切都毫無希望。我們的理性認知受控於自己當前的情緒體驗，所以我們對待外界或他人的態度就會極度不穩定。

與人打交道能力越強的人，越能敏銳地覺察到自己內心的細微波動。他們能夠精細地區分自己內心的判斷是由情緒引發的，還是由理智引發的，這種高度冷靜和理智的特質，讓他們在各種商業或者政治活動中游刃有餘。這樣的人情緒管理能力非常強，他們不僅能管理自己的情緒，而且能破解對方的招數，利用情緒向對方發起進攻，也就是所謂的心理戰術。

我們形容一個人城府深，常常會說他深藏不露。所謂「深藏不露」，不僅僅是指一個人不隨便表露自己的觀點和態度，更多時候是指他不輕易顯露自己的情緒，因此讓你無法揣測出他內心的真實意圖。

無法管理好自己的情緒的人，喜怒哀樂往往都掛在臉上，他們甚至因為過於情緒化而影響自己的生活，給自己帶來很多麻煩。而情緒管理的高手，能不動聲色地完成一場場情緒操控大戰。兩者的差異就在於對情緒的認知程度、覺察程度的不同，以及管理能力的高低。

有一種觀點認為，一個人如果控制不了自己的情緒，就控制不了自己的人生。

事業遇到挫折時，控制不了自己情緒的人容易半途而廢，他們不肯為了自己的目標忍耐一下。很多情況下，他們並不清楚自己真正想要的是什麼，因此容易受外界環境的影響。

有人可能會說：「我就是不想過目的性太強的人生，只想體驗生活、感受生活……」在我看來，這當然也是一種對自己的認識和定位，說明他可能是擁有藝術家氣質的人，所以適合從事藝術工作。但是，任何藝術家藝術創作的背後，依然需要面對大量瑣碎的日常生活。所有任性的表象背後，都有著不能任性的一面。

對於我們一般人來說，提升自己情緒管理的能力比較實用的技巧是，加強對自己情緒的覺察意識，可以在日常生活中透過記筆記的方式，對自己的情緒進行覺察、命名：當情緒產生時自己經歷了什麼、有什麼感受、做出了什麼行為、為什麼會這麼做……一一進行記錄、反思和總結，記錄得越詳細越好。此外，我們還可以觀察別人，對別人進行記錄，尤其是別人處理情緒的方式，吸取那些好的經驗，警戒那些不好的經驗。如此堅持一段時間，我們的情緒覺察能力、識別能力及處理能力，都會有大幅度的提升。

情緒化並不可怕，可怕的是我們自己拒絕成長。

愛生氣的人是怎麼回事

生活中我們常會遇到一些特別愛生氣的人，他們有的是一遇到不順心的事就暴跳如雷，生別人的氣；有的則愛跟自己生氣，關起門來折磨自己。

本質上這兩種人都是在跟自己生氣，只不過能把氣撒出來，發洩在別人身上的，使用的是外歸因；氣撒不出來，轉而發洩到自己身上的，使用的是內歸因。

生氣是一種攻擊行為，是當事情不符合自己的心意時做出的懲罰，這種懲罰有時指向別人，有時指向自己。

有個名詞叫「氣大傷身」，生氣對身體的傷害是巨大的，那麼一個人如何做才能改掉愛生氣的毛病呢？另外，當別人把怒火發洩到我們身上時，我們怎麼做才能避免成為別人暴怒的犧牲品呢？

我們需要了解愛生氣背後的心理機制。一個人之所以愛生氣，常常是因為他有一個過於強大的超我。

所謂超我，就是指我們人格中的理想自我，由良心、社會準則和自我理想組成，是人格的高層領袖。它按照至善原則行事，指導自我，限制本我，就像一位嚴厲正經的大家長，是我們行為和意識的內在監督者和審判者。

那些愛跟自己生氣的人，往往是因為其人格結構中的超我很強大，所以經常會出現自己的所作所為達不到自己要求的情況。於是超我就開始發揮作用，對自己展開嚴厲的批判和懲罰，個體就會對自己嚴重不滿意，進而產生內疚、自責等情緒。

所以，跟自己生氣，其實是一個人在現實和理想產生差距時做出的補償行為。個體藉由這種補償行為完成對自己的懲罰，讓自己的超我得以滿意。這就解釋了每當我們在生活中沒有取得理想的成績，或者搞砸了一件事時，我們就會跟自己生氣的原因。此時，我們可以藉此讓超我忘掉或者不再關注那件不好的事。

通常愛跟自己生氣的人一般都有一對很嚴厲的父母，所以他們在年幼人格形成時內心有一個強大的超我。再加上他們的父母大多也是愛跟自己生氣的人，所以他們會受到父母潛移默化的影響，學到父母的行為模式，從而完全意識不到這種「跟自己生氣」的反應有什麼問題。直到有一天，他們發現自己的行為給自己造成了很大的傷害時，才會有所覺察和反思。

嚴厲的、追求完美的超我，正是我們「內在父母」特徵的體現。所謂「內在父母」，就是指幼時將父母的要求、規則和教訓，內化變成自我人格的一部分，從而實現自己管理自己、自己要求自己的超我。我們對自己嚴格要求，實際上反映的是父母的聲音。

所以當我們在跟自己生氣時，其實是我們的「內在父母」在跟我們自己生氣，它表達的其實是早年我們無法滿足父母的要求時父母對待我們的態度。我們長大後，就會自動形成一個「內在父母」，以替代現實中的父母，繼續對我們實施早年的行為。

導致一個人愛生氣的原因，還可能是全能自戀。

全能自戀是指一個人在嬰兒時期認為自己無所不能的狀態。一般情況下，隨著個人心理的成長，全能自戀心理會漸漸消失。一個人由全能狀態轉變為部分全能狀態，也就是逐漸知道自己的優點和缺點、知道自己的邊界。

但在這個過程中，有的人全能自戀的部分沒有被健康的現實自戀所取代，其在生活中的表現就是：一旦事情不合自己的心意，就會暴怒。

這是一種自戀性暴怒，其背後是一種「我可以掌控一切」、「我可以為所欲為」的全能自戀心理，本質上還是對理想自我的執著。自戀性暴怒之人可怕的地方在於，他們在受挫時經常使用外歸因，即把怒氣往外發。其實這也是一種維護自身全能自戀的防衛機制——把問題歸結到別人身上，透過懲罰別人避免自己的全能自戀心理受到威脅。這可以理解為一種自我欺騙策略，其本質是心理不夠成熟。

有趣的一點是，自戀性暴怒的人容易欺軟怕硬，他們在發洩自己的怒火時，往往會選擇那些讓他們覺得安全的人。這時候，承受他怒氣的人一定不要被他的怒氣鎮住，因為你一旦認同了對方的這種攻擊行為，就會給自己帶來意想不到的傷害。

當你面對一個習慣性暴怒的人時，務必看清他背後的心理機制，他暴怒的原因不在於你，而在於他自身的癥結。

對待一個習慣性暴怒的人，你要做到視若無睹。久而久之，如果他的攻擊性投射攻不破你，他自己就會洩氣。因為當你不做反應的時候，他的憤怒就成了獨角戲，最終他只好乖乖將怒氣收回。

當然，如果你自己就是一個喜歡對人發火或者總愛跟自己生氣的人，就一定要有意地增加對自己的覺察。佛學中有一個術語叫「我執」，指的是一個人非要讓外界按照自己的標準來。破除「我執」的過程，就是一個人了解真實自我和世界的過程。

只有對自我有了更加清晰的認識，你才能真正擺脫「愛生氣」的困擾。

我們是如何被抱怨一點點毀掉的

我有一個高中同學，生活中總是喜歡抱怨。當年我們考進同一所大學，記得我們剛入學半個月，他便張口閉口地吐槽學校如何差，老師們如何平庸，完全沒有理想中大學的氛圍。

一開始，我也覺得他說得有點道理，畢竟我們在高中的時候拚命讀書，對自己心目中的大學生活賦予了太多理想的色彩，因此內心有點落差也是正常。

後來他因為口才不錯，加入了學校的一個社團，並且成了社團的副社長。我以為他也像我一樣，終於適應了大學生活。

直到有一天，我們在校園裡遇到，簡單交談了幾句後，我發現他又開始喋喋不休地抱怨。他覺得自己所在的社團很多制度都是不合理的，導致他在社團裡完全不能發揮自己的才華，而且覺得周圍的人都很愚蠢，自己和他們缺少共同語言。

總而言之，他認為自己進了這所學校實在是被騙得太慘了。

再後來，我們很少遇到，只是聽說他跟他們班裡同學的關係都不太好。

學生時代最後一次遇到他時，我們已經是大三的學生了。當時大家都在忙著為自己的未來做準備，有計畫出國留學的、有打算考研究所的，也有的開始提前找工作。而我的那位同學因為在大二的時候有兩門課不及格，處境艱難。

他來找我傾訴的時候，臉上蓄著鬍子，渾身一股嗆鼻子的煙味，據說他當時常和一群校外的人沒日沒夜地混在網咖裡。

我以為他終於想通了，想要振作起來努力念書，哪知道他還像剛進大學時那樣不停地抱怨，覺得學校害了他，竟然讓他兩門課不及格。

最終他的結局是：上了四年大學，卻沒有拿到畢業證書。後來，因為家裡人的幫忙，他也找到了一份不錯的工作。

不過他在那個工作崗位上只堅持了三個月便逃之夭夭。之後他便開始頻繁地跳槽，每份工作都幹不了多久，而且他跳槽的理由只有一個：老闆很蠢，同事不好相處。

如今十年過去了，當年的同學基本都在各自的領域有了不錯的發展，只有那位同學徹底淪落為一名失業人士，在同學會上求著大家給他介紹工作。

看著他那副畏畏縮縮又不甘落魄的樣子，我們大為感慨，他怎麼就走到了這個地步！

俗話說，人生不如意之事，十之八九。

發生在我們身上的事，很多都不是稱心如意的。人人都是意外情況的「受害者」。正因為如此，這個世界上才充滿了抱怨。

但是，習慣抱怨的人幾乎都在做同一個白日夢：不需要付出太多努力，就能享受美好的生活。他們常常低估了生活的艱難，總覺得自己付出了很多，收穫得卻很少，於是怨天尤人。

尤其是對於那些自身條件原本就不錯的人來說，他們認為自己應該過更好的生活，因為跟周圍的人比起來，他們有著出眾的優點。但是他們忽視了一點，那些表面看起來不如他們的人，可能具有更強大的內心，更懂得吃苦，也更成熟。

抱怨反映出的其實是一個人心理上的不成熟。

每個人在現實生活中都有糟糕的一面，可是在面對它的時候，有的人選擇了抱怨，於是獲得痛苦而失敗的人生；有的人選擇了積極改變，最終改變了自己的境遇。

當我們開始有了抱怨的行為時，其實是把讓自己陷入困境的原因指向了外界，從而獲得一種假性優越感，好像自己比抱怨的對象更高人一等。這樣做的目的，一方面是讓自己的自尊心避免受到威脅，另一方面是自己可以不用承擔責任。

從我的那位同學的故事中可以看出，僅僅是當年入學後理想和現實的落差，就使得他一直沒能調整好心態，從此找不到前進的方向。

看看周圍那些渾身散發著負能量的刻薄的人，在他們的世界裡，似乎總有人對不起他們。他們整天長吁短嘆，認為自己懷才不遇，最終只能平庸地度過一生。

習慣抱怨的人總是過度關注負面的事物和感受，不斷放大生活中遇到的每一個問題的嚴重性，將自己囚禁在「悲慘」的牢籠裡，無法逃脫。甚至當有人試圖去解救他們時，還會引來他們的不滿和責備。

生活是很公平的，如果你總是抱怨、總是悲觀厭世，命運就一定會如你所願，最終給你一個慘澹的下場。

具備自愛能力，你才能享受愛情

很多人都有過失敗的戀愛經歷，在一段戀情終結的時候，難免會感到痛苦。對於一些人來說，分手造成的傷害似乎總是比別人受到的傷害大，以致他們長久地深陷在這種痛苦中走不出來，有的甚至終生都走不出來——陷入拒絕再戀愛的冷漠中，再難敞開自己的心扉，接受別人的追求。更有甚者，會為情自殺。

還有一種人，他們會陷入一種「戀愛—受傷—戀愛—受傷」的惡性循環裡，每一次都被愛情傷得體無完膚。

總之，不少人在「為愛受苦」。

我的一位女性朋友就身陷這樣的處境中。多年以來，她似乎總是在「為愛受苦」，情感之路一直不順。每段失戀的經歷都對她造成了相當大的打擊，而她難以依靠自己的力量擺脫這種痛苦。

在現實中也有另外一些人，分手似乎並不會讓他們產生痛苦之情。那麼，同樣是分手，為什麼對於一些人來說痛苦不堪，而對於另外一些人來說卻沒有多大的影響？

對於「為愛受苦」的人來說，戀愛具有功能上的意義：證明「我是好的」、「我是值得被愛的」。他們特別需要別人的愛，如果一旦不被愛，就會引發他們潛意識裡的「不被愛」的創傷。總之，在他們的內心裡，戀愛等於被愛。因此，一旦分手，他們就認為自己喪失了被愛的價值，附著在「被愛」之上的自我就會受到重創，從而對自己造成很大的傷害。

對於另外一些人來說，他們沒有為戀愛附著過多的意義，戀愛就是看相處得舒不舒服、快不快樂，如果不舒服、不快樂，那就終結；如果舒服、快樂，那就繼續。

毫無疑問，後者更具備自愛的能力。與依賴別人相比，他們更依賴自己，所以他們更會照顧自己、愛自己。即使對方收回了對他們的愛，他們依然有自己的愛做支撐，雖然會難受一時，但不至於自我坍塌、破碎。

區分這兩種人很簡單，就是觀察其有無自愛的能力，但也牽扯到心理發育或者心智發育的不同階段的問題。那些沒有發展出自愛能力的個體，就不具備處理親密關係破碎帶來的衝擊的能力。

大多數「為愛受苦」的人，其實心裡也都懂得一個道理：每次失戀後，讓自己痛苦不堪的實際並非對方，而是自己心中關於理想愛情的幻滅。

他們在戀愛中並不關注對方真實的一切，只關注對方是不是愛自己，以及有多麼愛自己。似乎只要對方足夠愛自己，自己就是足夠好的。他們總是根據對方對自己的反饋來確認「自我」的好壞。因此，對於他們來說，親密關係的破裂意味著自我的坍塌。

每個人在嬰兒時期都具備全能自戀的心理，覺得自己是無所不能的，只需一動念頭，世界（其實是媽媽或其他養育者）就會按照自己的意願運轉。

但一個人在逐漸長大的過程中，需要不斷面對現實世界中的各種挫折，他的全能自戀心理就會不斷受到挑戰。如果這些挫折在他能夠承受的範圍內，他就能逐漸從全能自戀狀態中走出來，開始接納現實中的不完美，進而發展出應對現實的能力，以及一個內聚性的自我。

當一個人改變了完全依賴外界滿足自己的模式，學會了自我照顧、自我關懷，也就學會了自愛。

還有另外一種情況，有的人在全能自戀階段遭遇了很大的挫折，外界並沒有給予他們足夠的支持和共情，他們也就沒有能力從全能自戀狀態中走出來。如此，他們的心理發展就會停留在這一階段，即停留在「全能幻想」裡。所以他們長大以後，每次談戀愛時都會把這種「全能幻想」繼續投射到戀愛對象身上。

可以說，一個人的自愛能力正是為了應對現實中的不完美而發展出來的。但是，在成長過程中遭遇過重大挫折的人，其自愛能力的發展很可能會受到影響，以致他們終日沈溺於幻想中。

那些在戀愛中反覆受傷的人，其實是一次次地被自己的幻想所傷。

「為愛受苦」的人缺乏自愛能力，因此才表現出到處「找愛」的行為。他們認為「愛」就意味著「被愛」，這種行為的背後隱藏的正是其自我認可能力缺乏的問題，也就是他們沒有解決好「我夠不夠好」、「我值不值得被愛」的問題。所以一旦失戀，他們就會沉浸在「為什麼我總是得不到愛」的負面情緒裡。

在很多癡纏型的關係裡，當事人看上去無比癡情，但這並不能說明他們有多麼愛對方，因為他們想要解決的僅僅是自己的需求。

越是缺愛的人，越執著於對外索取，但這只會讓他們更加受傷、更加絕望。

一個「為愛受苦」的人，只有認真梳理自己的成長經歷，修復自己早年的心理缺失，才能發展出一定的自愛能力。一個人只有具備了自愛的能力，才能更好地享受愛情。

習慣性否定別人，不過是缺乏自我

有時我會透過觀察一個人對待別人的態度來判斷他未來的成就。

我發現生活中總有這麼一種人，他們似乎很善於發現別人的缺點，很少誇讚別人，從他們嘴裡說出來的永遠都是對別人的否定。

我曾一度被這種人蒙蔽，覺得他們很有洞察力。

直到後來，我發現不懂得誇讚別人其實是一種病。這種人看上去很強大，實際上內心卑微至極，很多時候他們正是透過不停地否定別人掩飾自己的卑微、弱小。他們為了掩蓋相形之下自己的缺點，不惜扭曲事實、欺騙自我，反覆地告訴自己：優秀的人也有很多缺點，並以此給自己打氣，甚至獲得一種自己比別人優秀的虛假的優越感。

在我看來，現實生活中很多人之所以不能成功，就是因為他們把自己的精力過多地用於虛假優越感的獲取上。他們不願意面對某些真相，就會採用逃避、歪曲、否認以及幻想等方式進行自我欺騙。

當事人往往很難覺察出這種自我欺騙，於是固執地生活在一種虛假的優越感之中。久而久之，這種自我欺騙就成為其習慣性的行為。

一個人最大的悲哀或許不是被別人欺騙，也不是欺騙別人，而是自我欺騙。

總是以否定別人來得到優越感的人，早年一定有大量「攀比」的經驗。或許他們曾經屢屢被拿來與別人比較，卻很少得到外界的認可，這種經驗讓他們變得自卑懦弱。他們從這種負面的經驗中習得了一種變態的行為模式：既然每次我都比不過別人，那乾脆率先找出別人的缺點，暴露別人的短處，讓別人的長處顯得不那麼耀眼，這樣就不至於讓自己太難堪。

習慣性否定、鄙視別人，其實是一種自我保護的策略。有的人藉著使用這種策略，能夠形成一種「我很強大」的錯覺，因為他們內心對自己有著太多的否定，急需透過否定別人來獲取積極的自我信念。相反，懂得肯定別人的人，一定在以往的經歷中得到過外界的很多肯定，因此他們對自己沒有懷疑，也就不需要浪費精力去維護虛假的自尊。

習慣性否定別人的人，時刻處於「與人比較」的關係模式裡。他們總是盯著別人，然後在內心不斷地拿自己與別人進行比較。這種關注別人的傾向，讓他們沒有時間去審視自我、覺察自我的真正需求。從某種意義上來說，他們的一生都在為別人而活。

如果你也是一個習慣性否定別人的人，那麼你必須意識到，你時刻關注別人並不是因為別人需要你，而是因為你需要別人，只是在理性上你意識不到自己的目的。總是需要別人來幫助你確立自我，這說明你離不開別人這個參照物，對自己也並不了解。

而那些被你關注的人，一定有其過人之處值得你學習。你只盯著別人的缺點，卻忘記了一個簡單的道理：別人的缺點跟你沒有什麼關係，倒是你自己的缺點跟你的關係很緊密。遺憾的是，習慣性否定別人的你完全無視這個道理。

可能因為經歷過太多的自我內耗，你已經沒有充足的精力用來反思自己。你時刻處於一種「自保」的狀態：防範自己被別人比下去。

你總是盯著別人的缺點，而不思考自己有哪些可以提升的空間。你只顧維持虛假的自我滿足感，自然就不可能取得真正的成長和進步。

習慣性否定別人，是一種既愚蠢又痛苦的心理病。

之所以說它是一種愚蠢的病，是因為一個人到底是有多傻，才會整天盯著別人！他是有多麼輕視自己啊！

之所以說它是一種痛苦的病，是因為一個人如此熱衷於尋找別人的缺點、否定別人，是有多麼想證明自己沒有那麼差？個人因為不敢面對別人的長處，才會使勁盯著別人的短處。但是世界上每個人都有自己的長處，如果不敢面對別人的長處，用別人的長處懲罰自己，那不是自找苦吃嗎？

雖說邏輯簡單，但是很多人卻迷失其中。他們採取自欺欺人的策略，拚命地去尋找別人的短處，以此避免審視自我。然而，這種自我安慰的策略用多了，對於現實毫無益處，除了讓你無法獲得成長，還會染上一身戾氣。「毒舌」的你，注定到哪裡都不能討人喜歡，甚至讓人避之不及。

一個人如果總是藉著否定別人來獲取優越感，那麼他在現實中就會止步不前，他的成就也就無從談起。因為當他拚命地去為自己建構一個虛假的世界時，自然就沒有多餘的精力用於建設真實的自我世界了。

有些人為了完成虛妄的自我滿足，簡直走火入魔，不惜和人發生衝突，透過使用暴力、爭鬥的方式「自保」，就像提著炸彈的暴徒一樣，衝到別人的生活裡威脅別人。

還有些人會進行自我批判，他們不是提著炸彈去炸別人，而是炸自己。他們沒想過如何提升自己，而是陷入自虐的困境裡，從而導致焦慮、社交恐懼，甚至憂鬱。

究其原因，都是關注別人太多，而關注自己太少，或者說一直在用別人的座標系審視自己。

一個人的內心到底有多卑微，才會在別人身上尋找生存的空間？才會為了維持一個虛假的自我感覺而不惜投入血本？

遺憾的是，在現實生活中，有太多的人洋洋得意於對別人缺點的察覺。他們的心智水平相近，彼此互相鄙視，互相找碴，互相找存在感，並且樂此不疲。

心魔即障礙。心魔如果不除，人就很難獲得幸福。一個人被心魔控制的程度，反映了他心智水平的高低、心理能量的強弱。

很多時候，我們不能怪幸福離自己太遙遠，而是因為我們自己心智低劣，所以才無法獲得幸福。

不迴避悲傷，你才能更好地成長

我的一位來訪者小A，最近一年以來，她的精神狀態很差，每天情緒異常低落，焦慮得睡不著覺。這也直接影響了小A的工作，公司連續兩次考核，小A都沒達標。小A很想調整狀態，讓自己好好投入工作中，奈何心有餘而力不足，怎麼也無法打起精神工作。

和小A聊天之後我才知道，一年前，她生命中一位重要的親人——她的外公因病去世。從此之後，小A就進入了精神萎靡的狀態。

對於每個人來說，悲傷都是一種很重要的情感。當我們在生活中遭遇一些變故時，比如失戀、離婚、失業，或者親人離世、朋友背叛、升職失敗等，我們都會表現出不同程度的悲傷。此時，表達悲傷是我們正常的心理反應，也是我們處理負性（負能量性質）生活事件的本能反應。

但是，一個人如果在遭遇挫折或者重大變故的時候不允許自己悲傷，就容易出現嚴重的心理問題。

小A就是這樣一個不允許自己悲傷的人。

小A對悲傷這種情緒懷有很強烈的羞恥感，覺得做人應該理性、堅強一些，不能脆弱。她的外公也是一個堅強、理性的人，外公在世的時候屢次告誡小A，面對挫折要堅強，要做一個內心強大的人。所以外公去世後，小A反覆告誡自己要堅強，甚至連喪假都沒有請，一直埋頭工作，以此告慰外公的在天之靈。

小A以為自己這樣做就可以挺過這段艱難的時光，沒想到卻開始憂鬱了。

現實生活中，像小A這樣的人不在少數。

很多人在遭遇負性生活事件時，都強迫自己堅強面對，結果卻長久地陷在憂鬱的狀態裡走不出來。這是因為展示悲傷是我們內心一種健康的運作機制，也是心理的一個重要功能：透過悲傷，我們才能完成和負性事件的分離，告別過去，重新出發。不允許自己悲傷，就無法完成這種分離，然後陷在消極的狀態裡，從而導致憂鬱。

表達悲傷，在人的心理上至少具備三個層面的功能：

（1）情緒、情感的宣洩

我們的情緒、情感就像水流，每天都在不停地流動。一些負性生活事件的發生，會引發我們情緒、情感上的疼痛和哀傷，這是一個很正常的過程。只有允許悲傷宣洩出來，我們的情緒、情感才不會被堵塞，才會逐漸恢復正常狀態。

（2）完成分離

不管是失戀、離婚、失業，還是親人離世、朋友背叛、升職失敗等，都意味著一個人在心理上被迫與所愛之人或物發生分離，意味著之前所擁有的一些美好的東西將不復存在。這時候，表達悲傷就能幫助我們在心理上完成某種分離。在中國傳統文化中，親人去世要舉行隆重的哀悼儀式，允許人們悲傷。實際上，這便是一種非常有必要的完成分離的儀式。

（3）能夠促進我們人格的成長

「失去」能夠帶來啟發，刺激我們重新思考生活的意義，每個人在成長的過程中都會面對各式各樣的「失去」。我們從依賴狀態的嬰兒逐漸成長為獨立的成年人的過程，就是不斷「失去」的過程。只有接納「失去」，我們才會成長。

托馬斯・卡萊爾說過：「未哭過長夜者，不足以語人生。」

為什麼有的人會不允許自己悲傷？

上文提到的小A，在她的成長過程中，每次遇到挫折想哭的時候，她的家人總是告訴她：「不要哭，只有弱者才會哭。」

在這樣的環境中長大，小A逐漸認同了家人的觀點：無論遇到什麼不開心的事，都不能哭，因為脆弱是一件羞恥的事情。因此，她從小到大都很少哭，更不會在別人面前哭。

久而久之，小A成了一個不會宣洩自己負面情緒的人。當然，她也很難體會到正面情緒，雖已變得足夠理性與強大，卻也變得麻木了。

實際上，悲傷和脆弱從來不是堅強的反義詞，因為允許自己悲傷的堅強，才是有彈性的堅強、真正的堅強。

那些不允許自己悲傷的人，往往壓抑著很多真情實感，最終很有可能造成情緒崩潰。

悲傷不代表羞恥，更不代表軟弱。一個人真正的堅強是以內心的成長為基礎的，而這種成長需要悲傷的參與。

還有一些人，他們之所以不允許自己悲傷，是因為他們在理智層面覺得不值得自己悲傷。比如有的人在愛情或者友情中遭遇了背叛，會反覆告誡自己不值得為人渣難過，但實際上，他們其中很多人還是進入了憂鬱狀態。在理智上能想得開自然很好，但在情感上我們不得不面對的現實是：我們還是會難過，還是會悲傷，還是要面對「失去」。這原本是一種本能反應，我們卻試圖啟用理智化的防衛策略去化解悲傷，防止自己的自尊受損：

「我竟然為了一個人渣而難過，實在是太愚蠢了！」

「我竟然會和那種人交朋友，真是瞎了眼！」

實際上，任何一段投入真情的關係，在破裂的時候都會引發我們情感上的悲傷，那絕不是理智可以消解的。我們只有允許自己悲傷，才能完成真正的分離。

越是不允許自己悲傷的人，就越容易陷在痛苦的往事裡糾纏不清，因為他在心裡還是不允許往事翻篇。

傷口需要被看見，才能癒合。

既然負性生活事件的發生使我們內心產生了傷痛，我們就需要看到自己心靈被傷害的部分。

我們要看到自己脆弱的部分、難過的部分，並且接納它們，要允許自己在受傷後難過、軟弱，甚至痛苦。

我們要靜靜地跟自己的悲傷待在一起，不去干預它，不去強迫它離開，不把它視為恥辱；允許自己有無力、無能的一面，像陪著一個受傷的小孩，允許自己痛快地哭泣、悲傷，給予自己擁抱、理解和陪伴，這也是自我關懷的重要部分。

我們要學會關心自己、愛自己。越是這樣做，我們才能越快地從悲傷裡走出來，同時獲得成長，變得更加堅強。

當負性事情發生時，千萬不要用理智的、講道理的方式對待自己的悲傷，因為我們此時缺的只是一個擁抱。

高寶書版集團
gobooks.com.tw

新視野 New Window 230
給習慣逃避的你：心理諮商師告訴你，每個逃避行為的背後，都有需要被關心的理由

作　　者　李國翠
特約編輯　梁曼嫻
助理編輯　林子鈺
封面設計　林政嘉
內頁設計　賴姵均
內頁排版　林　檎
企　　劃　鍾惠鈞

發 行 人　朱凱蕾
出　　版　英屬維京群島商高寶國際有限公司台灣分公司
　　　　　Global Group Holdings, Ltd.
地　　址　台北市內湖區洲子街 88 號 3 樓
網　　址　gobooks.com.tw
電　　話　(02) 27992788
電　　郵　readers@gobooks.com.tw（讀者服務部）
傳　　真　出版部　(02) 27990909　行銷部 (02) 27993088
郵政劃撥　19394552
戶　　名　英屬維京群島商高寶國際有限公司台灣分公司
發　　行　英屬維京群島商高寶國際有限公司台灣分公司
初版日期　2021 年 9 月

國家圖書館出版品預行編目（CIP）資料

給習慣逃避的你：心理諮商師告訴你，每個逃避行為的背後，都有需要被關心的理由 / 李國翠著. -- 初版. -- 臺北市：英屬維京群島商高寶國際有限公司臺灣分公司，2021.09

面；　公分. -- (新視野 230)

ISBN 978-986-506-208-8 (平裝)

1. 逃避作用　2. 防衛作用　3. 自我實現

176.5　　110013162